# SUSANNE ROLL
## LISA – IM ZEICHEN DER WEISSEN ROSE

SUSANNE ROLL

# LISA –
# IM ZEICHEN DER WEISSEN ROSE

neukirchener

camino.

Bibliografische Information der Deutschen Nationalbibliothek:
Die Deutsche Nationalbibliothek verzeichnet diese Publikation
in der Deutschen Nationalbibliografie; detaillierte bibliografische Daten
sind im Internet über http://dnb.d-nb.de abrufbar.

© 2020 Neukirchener Verlagsgesellschaft mbH, Neukirchen-Vluyn
Koproduktion mit camino im Verlag Katholisches Bibelwerk GmbH, Stuttgart
Alle Rechte vorbehalten
Umschlaggestaltung: Grafikbüro Sonnhüter, www.grafikbuero-sonnhueter.de,
unter Verwendung eines Bildes von LightField Studios, Hayati Kayhan, Helena-art, AlexHliv, Alica in Wonderland, Oleksandr Molotkovych (shutterstock.com) und Silke Schmidt, www.silkeundich.de (Illustration Sophie Scholl)
Lektorat: Anja Lerz, Duisburg
DTP: Breklumer Print Service, www.breklumer-print-service.com
Verwendete Schriften: Adoba Garamond Pro, Pinto No. 1
Gesamtherstellung: Finidr, s.r.o.
Printed in Czech Republic
ISBN 978-3-7615-6710-4 (Neukirchener Verlag)
ISBN 978-3-96157-155-0 (camino)

www.neukirchener-verlage.de
www.bibelwerk.de

Für Joni
meinen fleißigen und kritischen Testleser

# INHALT

# KAPITEL 1

# ÜBER MICH – LISA SCHUBERT

**FREITAG, 22. NOVEMBER 2019:**

Vierzig Jahre! Meine Schule wird vierzig Jahre alt. Vierzig Jahre alt ist auch mein Papa, fast vierzig meine Mama, Uroma Fredi ist mehr als doppelt so alt. Und ich? Ich bin erst 13, naja, fast 14. Ich heiße Lisa – Lisa Schubert – Elisabeth Magdalena Sophia Schubert. Was für ein Name, da haben Mama und Papa in die Vollen gegriffen und einfach alle Namen, die sie schön fanden, aneinandergereiht. Vielleicht hätten sie einfach noch eine Tochter bekommen sollen, aber so etwas kann man ja nicht planen.

Was gibt es über mich und meine Familie noch zu sagen? Meine Mama heißt Beate, mein Papa Jürgen und mein zwei Jahre älterer Bruder heißt Johann. Wir beide gehen auf die Schule im Ort, die Sophie-Scholl-Realschule. Johann ist in der zehnten Klasse, ich in der achten. Auch wenn wir erst Ende November haben, lernt Johann schon fleißig für seinen Abschluss. Er ist ein richtiger Streber, der lieber in Büchern liest als YouTubern zu followen, der nach der zehnten Klasse weiter auf das Gymnasium gehen will, der philosophische Abhandlungen liest, die ich im Leben nicht verstehen würde, der lieber in Büchern von Thomas Mann, Hermann Hesse oder Max Frisch und anderen, die normalen Menschen höchstens als Pflichtlektüre in die Hände fallen, stöbert als in Comics oder Mangas. Aber ich liebe ihn von Herzen, man kann ihn so schön aufziehen und ärgern. Es gab eine Zeit, als ich neu an die Schule gekommen bin, in die fünfte Klasse, und er bereits zwei Jahre dort war, da war ihm das peinlich, wenn ich zu ihm gelaufen kam, um ihn um Hilfe zu bitten, ihn zu ärgern oder einfach nur bei ihm und seinen Freunden abzuhängen.

Mittlerweile ist er viel weiser. Bei Ersterem hilft er mir mit einem gönnerhaften Lächeln und bei Letzterem ignoriert er mich oder dreht es so, dass nicht er es peinlich findet, wenn ich mit ihm und seinen Freunden abhängen will, sondern dass es *mir* peinlich ist. Also lasse ich es inzwischen meistens gleich bleiben. Seitdem kommen wir in der Schule hervorragend miteinander klar.

Und auch die Lehrer, die mich und ihn im Unterricht haben, gaben es irgendwann auf, mich mit ihm vergleichen zu wollen. Ich glaube, vom Verhalten bin eher ich der Junge und Johann das Mädchen. Johann ist ordentlich, hat sauber geführte Mappen, auf die ich manchmal wirklich neidisch bin, hat immer – wirklich immer – seine Hausaufgaben, meldet sich freiwillig für soziale und andere Projekte und wurde in diesem letzten Jahr auch noch zum Schülersprecher gewählt. Ich sag ja, ein echter Musterknabe, mein Bruder.

Ich habe, wenn es hochkommt, drei verschiedene Mappen in meinem Rucksack. Je nachdem, welches Fach gerade eingesammelt wird, stecke ich die Blätter rein, die ich noch irgendwo in meinem Schulfach oder zu Hause in meinem Zimmer oder völlig zerknittert in meinem Rucksack finde. Die Beschriftung wird dann jedes Mal geändert, kurz bevor ich die Mappe abgeben muss.

Bei fast allen Lehrern komme ich damit durch, auch wenn die lose Blattsammlung mir nie mehr als eine Vier einbringt. Manchmal, wenn ich ganz viel Glück habe und mal mehr als drei Blätter in meiner Mappe sind oder ich auf großes Wohlwollen stoße, dann ist auch schon Mal eine Drei drin, allerdings dann immer mit einem Minus.

Nur bei Frau Wert bekomme ich eine Fünf zurück, jedes Mal: falsche Mappenfarbe, Zettel nicht durchnummeriert, kein Datum auf den Blättern, kein Deckblatt, kein Inhaltsverzeichnis (Ich bitte euch: ein Inhaltsverzeichnis für die drei Blätter …?). Irgendwann war ich es leid und kaufte mir wenigstens eine Mappe in der richtigen Farbe: Weiß für Religion bei Frau Wert.

Von da an wurde es zumindest schon mal eine Vier minus. Die Mappe zählt für die Note am Ende sowieso nicht so viel. Hauptsache, ich mache mündlich ordentlich mit und schreibe einigermaßen gute Arbeiten. Viel lernen brauche ich nie, um überall eine Drei zu schaffen. Ich bin damit ganz zufrieden, auch wenn Frau Wert oft sagt: „Lisa, du weißt anscheinend gar nicht, wie viel Potenzial du hast."

*Potenzial wofür?*, frage ich mich dann immer. Ich bin ja zufrieden mit dem, was ich habe, und wenn ich wirklich gut sein will und lerne, wenn mich etwas besonders interessiert, dann schreibe ich tatsächlich auch mal eine Zwei oder sogar besser. Aber das ist mir im Großen und Ganzen egal. Wie gesagt, ich bin zufrieden.

Mama sagt immer: „Das kommt sicherlich später noch, wenn dir klar wird, wofür du lernst."

„Oder wenn ihr klar wird, dass man mit so einem Zeugnis nicht Anwältin werden kann", stochert Johann dann jedes Mal.

Der hat gut reden, Musterknabe Johann.

Frau Wert nimmt mich zumindest so, wie ich bin. Sie will mich nicht verändern, faselt zwar ab und zu von dem Potenzial, das angeblich in mir schlummert, lässt mich aber ansonsten zum Glück in Ruhe. Grundsätzlich mag ich Frau Wert. Sie lässt sich eben einfach nicht bestechen und behandelt alle gleich. Sie gibt die Standards vor, und es ist ja jedem selbst überlassen, ob man denen genügen will oder nicht. Hält man sich daran, dann bekommt man auch die richtig guten Noten, hält man sich nicht daran, dann eben die schlechten. Fair und gerecht.

Das ist mir lieber, als bei manchen Lehrern mit der Tour „große Hundeaugen" durchzukommen. Es gibt Lehrer, wenn man die lang genug bequatscht, dann geben sie immer nach, gewähren einem noch Aufschub oder drücken ein oder auch zwei Augen zu, wenn es um die Noten auf dem Zeugnis geht. Bei so einem vorbildlichen älteren Bruder muss doch irgendwo auch etwas Gutes in der jüngeren Schwester schlummern, auch wenn man es noch nicht sieht, bla, bla, bla. Aber ich will mich nicht beklagen: Wenigstens ist mein Zeugnis so zwar nie wirklich berauschend, aber eben auch nicht grottenschlecht. Und ich selbst habe ein bisschen das Gefühl, mit diesem Verhalten auch den Lehrern einen Gefallen getan zu haben, denn jedes Mal, wenn ich mich dann überschwänglich bedanke und sage, was für gute Menschen sie sind, dann fühlen die sich irgendwie auch gut oder sogar besser. So haben dann doch alle gewonnen, oder nicht?

Und im Unterricht bei Frau Wert kann ich sogar richtig vom Leder ziehen. Da kann ich meine Meinung sagen. Also, was nicht geht: einfach motzen und plump gegen alles sein, nur weil man gerade in der Stimmung ist oder Spaß daran hat. Frau Wert achtet genauestens darauf, dass wir die Dinge, die wir äußern, auch sauber begründen. Daraus sind manchmal sehr hitzige Diskussionen im Reli-Kurs entstanden, aber ich habe nie eine schlechte Note für das bekommen, *was* ich sage, sondern nur dann, wenn ich es nicht richtig erkläre oder begründe. So sind Religion und auch Geschichte immer die Fächer, in denen ich mich gern beteilige und mitdiskutiere.

Was gibt es noch über mich zu berichten? Ich wohne mit meiner Familie in Neudorf, einer Kleinstadt in der Nähe von Osnabrück. Ich liebe Volleyball, Trampolinspringen und meine Katze Clio. Ich chille gern am Handy, mache bei der Schülerzeitung mit und schaue oft Fernsehen.

Clio hat ihren Namen übrigens von der Katze aus dem Film „Der kleine Lord". Einmal im Jahr, kurz vor Weihnachten, ist dieser Film bei uns in der Familie ein absolutes Muss. Und da unsere Katze so aussieht wie die Katze aus dem Film, wurde sie eben Clio getauft. Ist mir nicht peinlich, ehrlich, auch wenn ich sonst eher Actionfilme und

Thriller gucke. Ich liebe diesen Film und ich liebe meine Katze. Und bei der Schülerzeitung mache ich mit, weil man dort alles so schön kritisieren darf, nicht, weil ich mich per se gern engagiere, ich heiße ja nicht Johann.

Wir wohnen in einem Haus am Rande des Ortes. In den Rasen eingelassen steht mein Trampolin. Meine beste Freundin war eigentlich lange Zeit ein bester Freund – Luca – der am anderen Ende der Siedlung wohnt und so alt ist wie Johann. Johann hat früher viel mit ihm gespielt, denn die beiden waren zusammen im Kindergarten. Es war also ganz natürlich, dass Luca oft bei uns war – ein echt cooler Typ – schon immer. Doch dann, als sie zusammen auf die neue Schule kamen, hat sich die Freundschaft irgendwie nach und nach aufgelöst.

Johann und Luca sind einfach zu unterschiedlich. Während Johann in der Schule weiterkommen will, ist Luca eher auf Krawall gebürstet. Ich jedoch fand und finde ihn mega. Schon als ich eingeschult wurde und Luca das erste Mal in der dritten Klasse mit schwarzen Springerstiefeln in der Schule auftauchte, habe ich ihn angehimmelt. Er hatte sein schwarzes Haar damals extra länger nicht schneiden lassen und trug ein schwarzes, mit Nieten besetztes Armband.

In dieser Zeit haben sich Johann und Luca oft getroffen und sich gegenseitig *ausgehalten*, wie Mama das einmal ausgedrückt hatte, auch als sie zusammen auf die Realschule gekommen waren, haben sie sich noch gegenseitig besucht und manchmal Zeit miteinander verbracht. Aber dann lief das Ganze aus dem Ruder. Luca hatte sich eine Lederjacke gekauft, begann zu rauchen und immer öfter irgendwo im

Schatten rumzuhängen. Manchmal sah ich ihn an der Ecke zum Supermarkt lässig an der Wand gelehnt stehen, wie ein lauerndes Raubtier. Ich muss wohl nicht noch einmal betonen, wie mega ich das finde?

Johann distanzierte sich jedoch weiter von Luca, er sagte, der spinne doch komplett und er wolle nichts mehr mit ihm zu tun haben. Er sei brutal zu anderen, gemein, würde lügen und sei „gefährlich". Was das auch immer heißen sollte. Luca war eben anders. Er piercte sich die Augenbrauen und gelte sich die inzwischen raspelkurzen Haare hoch. Ich traf ihn manchmal, wenn ich mit dem Fahrrad durch die Stadt fuhr. Ich fand sein Outfit super.

Auch verhielt er sich mir gegenüber immer freundlich.

„Lisa", sagte er einmal, „wir sind gleich. Du bist genauso drauf wie ich, Kleine, wirst du schon irgendwann merken!"

Ich bin mir nicht ganz sicher, ob ich mich wirklich dermaßen stark vom Dunklen angezogen fühle wie Luca, aber wenn ich ehrlich bin, dann habe ich den Hang, in den Graubereich zu schnuppern, das stimmt schon.

Nach der vierten Klasse konnte ich es kaum erwarten, auf die Sophie-Scholl-Schule zu gehen, denn da war ja auch Luca. Lisa und Luca, Luca und Lisa, das klang hübsch. Und in Gedanken malte ich ein großes, fettes, rotes Herz um diese Namen.

Als ich dann in die fünfte Klasse kam und Luca und Johann in die siebte, da standen sie noch manchmal zusammen, und er war sicherlich der Hauptgrund, warum ich lieber mit Johann und seinen Freunden rumhängen wollte als mit meinen eigenen Klassenkameraden. Außer natürlich Pauline. Sie war und ist das, was man wohl als Busenfreundin bezeichnen könnte. Johann war jedoch in dieser Zeit mein Alibi, um Luca nahe zu sein. Er war einfach mega cool, ließ sich nichts gefallen, machte sein Ding.

Irgendwie hatte ich manchmal das Gefühl, dass auch die Lehrer ein wenig Angst vor ihm hatten. Vielleicht lag diese Vorstellung an meiner überromantisierten Stimmung, denn es dauerte nur ein weiteres halbes Jahr, da gab es Luca an der Schule nicht mehr.

Die dritte Klassenkonferenz hatte darüber entschieden, dass er der Schule verwiesen wurde. Ich weiß darüber nichts Genaueres, nur, dass er angeblich in Erpressungsfällen, Mobbing und dergleichen verstrickt war. Ich glaube kein Wort davon. Ich kenne ihn. Er ist anders, ja, aber er ist doch kein Verbrecher!

Vielmehr ist er der Anakin Skywalker meiner Träume, ein dunkler Ritter, der sich was traute, der Lehrern und Schule trotzte und nicht so bieder ist wie mein Bruder.

Trotzdem: Er wurde also nicht in die neunte Klasse versetzt, sondern flog von der Schule, peng und aus. Zu dieser Zeit hing er manchmal auf dem Spielplatz in unserer Siedlung ab, saß auf der Schaukel, rauchte und hatte immer eine Bierflasche in der Hand. Zu seinem Armband gesellte sich eine teure Uhr von BOSS, seine Lederjacke wurde hochwertiger und auch die übrigen Klamotten waren einfach hip. Hoodys von Vans oder sogar Off-White. Da konnte ein einzelner Pulli auch schon mal locker 500 Euro kosten, die Winterjacke, die er trug, bestimmt sogar über 1000 Euro.

Wenn ich ihn dort sitzen sah und nicht gerade mit Pauline verabredet war, ging ich zu ihm rüber, setzte mich auf die andere Schaukel und quatschte mit ihm. Erst waren es nur Plaudereien, doch mit der Zeit erzählte er mehr von sich, dass es ihm richtig gut ginge, dass er viel Geld verdiene, dass er eine coole Truppe von Jungs um sich hätte, deren Anführer er war. Ich fand, dass er gut aussah. Er schien richtig fit zu sein, hatte Muskeln und einen breiten Rücken bekommen. Ich liebte einfach alles an ihm.

Heimlich probierte ich irgendwann auch einen Zug von seiner Zigarette und auch von seinem Bier. Beides schmeckte mir aber nicht. Nach dem Zug an der Zigarette musste ich so doll husten, dass ich mich fast übergab und ich rücklings von der Schaukel fiel.

Luca lachte und sagte: „Das ist am Anfang so. Da gewöhnst du dich dran."

Also probierte ich noch einen Zug, aber es wurde nicht besser, sondern schlimmer. So im Nachhinein war das auch gut, denn ich ließ erst mal wieder meine Finger davon.

„Das wird schon, meine Schöne!", sagte Luca und klopfte mir den Sand vom Rücken. Er klopfte mir den Rücken sauber, und mein Herz in meiner Brust klopfte mir bis zum Hals hinauf.

Zu diesem Zeitpunkt war ich zwölf Jahre alt und total in Luca verschossen, ja, so war es, ich schwör's. Erwachsene sagen immer, Kinder oder Jugendliche in meinem Alter wissen noch gar nicht, was Liebe ist, aber das stimmt nicht. Wir wissen es sehr wohl, denn wir lieben ja auch unsere Eltern, das ist das gleiche, starke Gefühl. Keiner soll mir damit kommen, mir zu sagen, ich wüsste nicht, wie sich Liebe anfühlt, nur, weil ich noch nicht zwanzig bin. Außerdem haben sich Mama und Papa auch kennengelernt, als sie 14 waren. Mama sagte einmal zu mir: „Papa und ich liebten uns von Anfang an: Erst war alles rosarot mit Schmetterlingen im Bauch, dann wurde es ernster, irgendwie tiefer und mit den Jahren verändert sich die Liebe weiter, wird intensiver, reifer, toleranter. Man ist anders als der Partner aber auch irgendwie wieder nicht. Man wird manchmal tatsächlich ein bisschen wie der andere und der andere wird wie man selbst, man wird gleich, weißt du?"

Gleich werden, gleich sein … das hatte Luca auch gesagt. „Du bist doch genauso wie ich, Lisa. Wir sind gleich." Mir war das sowas von klar, dass ich Luca liebte, dass ich jede freie Zeit, wenn ich ihn traf, bei ihm sein wollte. Und das gemalte Herz in meinen Gedanken wurde größer und roter: Luca und Lisa – Lisa und Luca.

Blöd nur, dass mein Bruder so wachsam ist. Er sah mich öfter mit Luca dort auf dem Spielplatz abhängen und roch auch an meiner Kleidung den schalen Zigarettenrauch von Luca.

„Du solltest dich nicht mit Luca treffen", sagte er eines Tages zu mir, „es hat schon seinen guten Grund, warum er von der Schule geflogen ist!"

Ich war wütend und erwiderte: „Du steckst Luca doch auch nur in eine Schublade, weil er da so schön reinpasst. Nur weil er sich anders anzieht als die anderen, anders aussieht und sich anders verhält, heißt das noch lange nicht, dass er schlecht ist. Das glauben alle immer nur zu gern."

Ruhig hatte Johann erwidert: „Nur weil du verliebt bist, heißt das noch lange nicht, dass er *nicht* schlecht ist."

Damit ließ er mich stehen, behielt mich aber im Blick. Ich hasste das und sprach mit Luca darüber. „Wird Zeit, unseren Treffpunkt zu ändern", sagte er nur, „ich schicke dir eine SMS."

„SMS?", fragte ich. „Nicht WhatsApp?"

„Zu unsicher", erwiderte er. „Selbst mit meinen Jungs habe ich keine Gruppe, da könnte man uns viel zu leicht auf die Schliche kommen." Mit diesen Worten war er aufgestanden und hatte den Spielplatz verlassen. Lange habe ich an diesem Nachmittag noch dagesessen und die pendelnde Schaukel betrachtet. *Auf die Schliche kommen? Wem? Und bei was?* Aber der Gedanke hielt nicht lange genug, um zu reifen. Ich wischte ihn beiseite.

An diesem Abend rief ich Pauline an, die, wie schon gesagt, noch am ehesten so etwas wie eine enge Freundin ist, und erzählte ihr davon. Sie ist sehr vorsichtig, wenn es um Luca geht, das war sie an jenem Abend und das ist sie heute noch, aber ich rechne ihr hoch an, dass sie ihn nicht voreilig verurteilt.

„Vielleicht ist er tatsächlich nicht so, wie die anderen sagen", meinte sie nachdenklich, „aber, wenn ich ehrlich bin, hab ich schon ein bisschen Angst vor ihm!"

„Ach, papperlapapp, Angst", erwiderte ich, „du musst doch keine Angst vor ihm haben!"

„*Du* musst keine Angst vor ihm haben", sagte sie schlicht, „dich mag er. Aber vielleicht solltest du trotzdem vorsichtig sein. Judith hat erzählt, dass ihr Cousin neulich in der Schule von zwei Jungs festgehalten und bedroht wurde. Er musste ihnen alles Geld geben, das er an diesem Tag in den Taschen hatte. Sie haben ihn geschubst und ihm ganz schön Angst gemacht. Björn ist sich sicher, dass diese Typen mit Luca abhängen."

Solche Aussagen ignoriere ich. Ich will nicht daran glauben, dass Luca schlecht ist. Er ist eben anders, das ist auch schon alles.

Ich glaube, jetzt wisst ihr so ziemlich alles, was ihr braucht, um meiner Geschichte zu folgen. Ich kann wieder dorthin springen, wo ich angefangen habe – zur Jubiläumsfeier meiner Schule. Wir haben Ende November 2019, ich bin 13 Jahre alt (fast 14) und gehe in die 8. Klasse der Sophie-Scholl-Realschule in Neudorf, die im Januar 2020 ihr 40-jähriges Jubiläum feiert.

Gemeinsam wurde von der Schulleitung, der Elternvertretung und auch von der Schülervertretung festgelegt, dass das angemessen gefeiert werden soll. Im Rahmen des Jubiläums soll es also Projekttage geben, die sich mit dem Bau unserer Schule, ihrem Leitbild, aber auch mit der Namensgeberin Sophie Scholl beschäftigen. Alle Schülerinnen und Schüler wurden aufgefordert, sich Gedanken über mögliche Projektideen zu machen, die dann vor Weihnachten gesammelt und ausgewertet werden.

Tja, und genau an diesem Punkt befinden wir uns nun: Gehirn, sei kreativ! Lass dir was Gutes einfallen!

\*\*\*

# KAPITEL 2

# PLANUNG DER JUBILÄUMSFEIER

## SONNTAG, 24. NOVEMBER 2019:

Heute Abend kommt meine Freundin Pauline zu mir nach Hause. Wir haben uns bereits am Freitag für heute verabredet, um gemeinsam ein wenig im Internet zu surfen und nach Ideen für die Projekttage zu suchen. Wir wollen uns Projekte anderer Schulen ansehen, aber auch ein wenig über Sophie Scholl recherchieren.

Kurz vor sechs, es klingelt an der Haustür. Mama ruft, dann Schritte auf der Treppe. Pauline wieder einmal mehr als pünktlich.

„Na, alte Ziege", sagt sie und grinst. Sie befreit ihr Gesicht aus diversen Schals und Tüchern und streift sich die Mütze vom Kopf.

„Kalt ist es", sagt sie und pfeffert alles auf mein Bett.

Wir setzen uns nebeneinander an meinen Schreibtisch, sie auf meinen Schreibtischstuhl, ich auf einen Sitzhocker, und beginnen, im Internet nach interessanten Ideen zu suchen. Das ist schon nach den ersten Minuten mehr als öde und mir fallen spontan zehn andere Dinge ein, die ich an einem Sonntagabend viel lieber machen würde. Das Internet ist voll von hohlen Ideen zur Durchführung von Projekttagen und Präsentationen am Tag der offenen Tür. Da gibt es „Kochkünste aus aller Welt", (die doch nur Döner oder Pizza interessanter verpacken wollen), „Cocktails mischen" (wahrscheinlich nur Apfelsaft, Orangensaft oder, wenn es hochkommt, KiBa), das „Herstellen von Badesalzen", „Honig und Kerzen aus der eigenen Bienenzucht" verkaufen (na gut, das ist ganz cool und auch noch sinnvoll), „Escape Rooms" (manche mehr, manche weniger ausgefeilt), es gibt eine „Trampolin-Akrobatik-Show" (das finde ich ja noch einigermaßen aufregend), einen „Waffelbäckerstand" (den gibt es gefühlt an jedem Tag der offenen Tür), einen „Malkurs zur Schulverschönerung" (das ganze Grau bunt machen, klingt zumindest mal cool), da gibt es diverse „Sportangebote", „Catering der Schülerfirmen", eine „Einhornliebhabergruppe", die Einhornplaketten herstellt und Einhörner aus Hartschaum schnitzt und somit die Mädels aus den unteren Klassen bedient, und noch vieles mehr.

Ich persönlich habe keine Lust, zu backen, zu kochen, zu basteln, zu malen, zu tanzen oder sonst was. Und auch Pauline kann sich anscheinend für diese Dinge viel weniger begeistern, als ich anfänglich befürchtet habe, denn sie verzieht schon zum dritten Mal ihren Mund und runzelt die Stirn. Irgendwie ist sie trotzdem ein Klischee auf Beinen, sorry, ich mag sie ja, echt, aber sie ist so durch und durch *girly*, mit allen Eigenarten, die man eben einem Mädchen zuschreibt.

„Lass uns mal die Suchanfrage ändern", schlage ich vor und gebe den Namen Sophie Scholl in die Suchmaske ein.

Natürlich wissen alle Schüler unserer Schule so ein bisschen, wer Sophie Scholl war. Bei jeder Einschulungsfeier wird auf die Namensgeberin unserer Schule hingewiesen und welch großen Mut sie im Angesicht des Bösen bewiesen hat. Zumindest wissen Pauline und ich, dass sie gegen Hitler und den Nationalsozialismus gekämpft hat, dass sie mit ihrem Bruder zusammen eine Gruppe gegründet hat, die sie „Weiße Rose" nannten. Mehr aber auch nicht.

Pauline kritzelt gelangweilt Hieroglyphen auf einen Block, malt Kringel und Schnörkel und hat plötzlich einen genialen Geistesblitz.

„Eine Zeitskala mit Fotos, Zitaten und Lebensdaten", sagt sie, „das wäre doch ..."

„Langweilig", ergänze ich ihren Satz und klicke weiter durch die Infos im Netz.

Etwas beleidigt sieht sie mich an. Doch ich tue ihr ja schon den Gefallen und google nach Fotos und Infos über Sophie Scholl.

„Sophia Magdalena Scholl", lese ich aus einem Internetlexikon vor, „geboren am 9. Mai 1921 in Forchtenberg."

„Hey", ruft Pauline, „die heißt ja fast wie du, nur in umgekehrter Reihenfolge!"

„Stimmt", sage ich, bin aber wenig beeindruckt. Ich lese weiter: „Sie war eine deutsche Studentin und Widerstandskämpferin gegen Hitler. Zusammen mit ihrem Bruder Hans und einem anderen Mitglied aus der Widerstandsgruppe „Weiße Rose" wurde sie am 23. Februar 1943 hingerichtet."

„Sie ist ja nur 21 Jahre alt geworden", murmelt Pauline vor sich hin, „und sieh doch mal, Lisa! Ist der 23. Februar nicht dein Geburtstag?"

Stimmt auffällig. Komisch. Ich klicke weiter und durchforste das Netz. Wir erhalten noch Informationen über ihren Bruder Hans, über die „Weiße Rose" und nur ganz wenig über ihr eigenes Leben – war ja auch nicht lang – zumindest nicht lang genug, um darüber eine ausführliche Zeitstrahl-Dokumentation machen zu können.

Als ich meine Gedanken laut äußere, scheint Pauline enttäuscht, nickt aber. „Du hast recht, das gibt nicht viel her!", sagt sie gefrustet.

So sehr wir auch nachforschen, Pauline und ich werden immer unzufriedener, weil es da eben nicht so viel zu holen gibt.

„Lass uns eine Pause machen", schlage ich also vor. Zumindest werden wir unten in der Küche auf unserer Suche nach Chips und Apfelsaft fündig. Mama und Papa schnippeln gerade Gemüse für den Salat klein, den es zum Abendbrot geben soll.

„Esst nicht mehr allzu viel, Mädchen", sagt Mama, „in einer Stunde gibt es Abendbrot."

Wir schnappen uns die Chips trotzdem und machen uns damit auf den Weg ins Wohnzimmer. Durch die Glastür sehen wir aber, dass Johann dort auf dem Sofa sitzt und Fernsehen guckt. Das ist ungewöhnlich. Johann guckt nie Fernsehen. Meistens hockt er irgendwo rum und zieht sich seine Bücher rein. Genervt verdrehe ich die Augen.

„Dann lass uns wieder hochgehen", sage ich zu Pauline. Doch Johann hat uns gesehen und winkt uns zu sich.

„Kommt her", ruft er durch die Glastür. Ich schüttle den Kopf und wende mich der Treppe zu, aber Pauline öffnet die Tür und betritt mit einem Lächeln das Wohnzimmer.

Ich glaube, sie steht heimlich auf Johann. Oh Mann. Verräterin.

Ich folge ihr also notgedrungen, sie hat ja schließlich die Chips in ihrer Hand.

„Sagt mal, ihr recherchiert doch für die Projekttage, oder?", fragt er und drückt den Film auf Pause.

Wir nicken. DVD, das ist es also. Hätte mich auch gewundert, dass Johann sich herablässt und schnödes Fernsehen guckt, mit Werbung und allem, der „Volksmanipulation" schlechthin in Johanns Augen.

„Ich recherchiere auch", sagt er augenzwinkernd und rutscht ein wenig zur Seite, sodass wir uns setzen können.

„Beim Fernsehen", sage ich trocken, „schon klar."

„Das ist ja nicht irgendein Film", erklärt Johann. Er beugt sich nach vorn und reicht mir vom Wohnzimmertisch die DVD-Hülle.

„Sophie Scholl", lese ich „die letzten Tage." Der Kopf von Julia Jentsch, der Schauspielerin, ist zu sehen. Ich drehe die Hülle um und lese den Infotext.

‚Großartig', steht da, ‚… den Zuschauern den Atem stocken lässt … was für eine Frau! Was für eine Zivilcourage! Was für ein Film …'

„Toll", sage ich wenig begeistert. Einen Actionfilm hätte ich jetzt gern als Ablenkung gesehen, aber nicht einen, der auch noch drei Mal den deutschen Filmpreis bekommen hat und auf einer zweiten Disc über eben solange wie garantiert langweilige Extras verfügt.

„Wollt ihr mitschauen?", fragt Johann. „Ich habe gerade erst angefangen."

„Nein, danke", sage ich schnell mit einem Seitenblick auf Pauline, doch nicht schnell genug. „Sehr gern", sagt sie zeitgleich mit mir, aber lauter, und macht es sich auf dem Sofa noch etwas bequemer. *Verräterin*, denke ich erneut, muss aber schmunzeln. Der Film beginnt. Wir begleiten Sophie, weg von ihrer Freundin durch geheime und verlassene Gassen, hindurch durch eine geheime Tür, hinein in einen geheimen Keller. Drei Männer sind da und Sophie. Ihr Bruder Hans sitzt am Tisch und tippt auf einer Schreibmaschine, die anderen beiden Männer stehen neben einer Art Presse oder Druckmaschine. Ach ja, richtig, damals gab es noch keine PCs. Wie das wohl gewesen sein musste, alles per Hand schreiben oder mühsam tippen zu müssen? Hans tippte also auf der Schreibmaschine die verbotenen Nachrichten, Aufrufe, Kritiken, zwei Männer vervielfältigten sie auf der Druckmaschine, die noch durch eine Handkurbel zu betreiben war, und Sophie faltete die Zettel, hunderte, tausende und steckte sie in Briefumschläge, dann zukleben und Marken drauf.

Dann die Frage, wie man das gefährliche Gedankengut verteilen solle. Überall gab es Spitzel, überall lauerte Gefahr. Wasserdichte Geschichten parat haben, wenn man doch geschnappt wurde, schon im Voraus wissen, was man sagen soll, was man sagen darf.

Dann die Idee von Hans, die restlichen Zettel, für die es keine Briefumschläge und Marken mehr gab, per Hand in der Uni München zu verteilen. Sophie, die sofort bereit war, ihm zu helfen.

Rausschleichen aus dunklen Gassen, geheimen Räumen und Kellern hinter geheimen Türen, reinschleichen in die

Uni, große Halle, Fenster, Säulen. Die letzten Schritte tiefer hinein ins Gebäude, erst noch zögerlich, dann entschlossen, den Koffer mit dem „Gefahrgut" in der Hand. Die Musik unterstreicht den Herzschlag, dumpf, dunkel, ansteigend mit der Gefahr zu einem wilden Rhythmus. Die Schritte der Geschwister hallen wider, verräterische Töne, doch die Angst wird von Entschlossenheit beiseitegewischt. Dann geht alles ganz schnell. Zettel werden stapelweise ausgelegt, hinter die Säulen, vor die Türen, Treppen hoch, Treppen runter, überall liegen nun die Blätter aus, dann plötzlich ein Stoß und die Zettel aus dem zweiten Stock fliegen von der Balustrade und segeln durch die Luft nach unten.

Ich merke erst jetzt, dass ich ganz verbissen zuschaue. Wie bei einem Tiger vor dem Sprung sind sogar meine Bauchmuskeln angespannt. Ich will, dass die beiden Erfolg haben, will, dass sie nicht entdeckt werden, dass sie davonkommen, fliehen können, dass Sophie weitermachen kann, weiterleben kann, älter wird als 21 Jahre. Doch ich weiß ja, was passiert, was jetzt kommen muss …

„Kinder, wir können essen", tönt Mamas Stimme aus der Küche. „Kommt, macht eine Pause. Ihr könnt nachher weitergucken!"

Beim Aufstehen höre ich noch im Film die schnarrende Stimme des Hausmeisters der Universität, der den beiden Geschwistern hinterherschreit, dass er sie erwischt habe, dass sie stehen bleiben sollen. Mir stockt das Herz. Dann schwarzer Bildschirm, Johann hat auf ‚aus' gedrückt.

Ich fühle mich ganz benommen und merke, dass mir ein Kloß im Hals sitzt. Das hatte ich nicht erwartet. Bei Actionfilmen kann man sich von den Actionszenen berieseln lassen, bei diesem Film findet die Action in einem drin statt. Pauline neben mir ist ganz rot geworden im Gesicht. Heiße Tränen laufen ihr stumm über die Wangen.

Johann hält ihr die Box mit den Taschentüchern entgegen.

„Was für ein großer Scheiß das war, damals", sagt sie leise. Mehr nicht.

Wir warten, bis sie sich etwas beruhigt hat, dann gehen wir gemeinsam in die Küche.

„Was ist euch denn über die Leber gelaufen?", fragt Papa, dem unsere Stimmung wohl nicht verborgen bleibt.

„Sophie Scholl", sagt Johann.

„Verstehe."

„Wir sind gerade an der Stelle, wo sie verhaftet wird."

Wir setzen uns und beginnen zu essen. Mamas Salat mit warmen Hähnchenbruststreifen und frischem Knoblauchbrot dazu ist einfach phänomenal.

„Sie war noch so jung", sagt Mama.

„Und trotzdem alt genug, um für ihre Überzeugungen etwas zu tun", sagt Johann.

„*Etwas* zu tun?", wiederhole ich kauend. „Etwas zu tun? Das ist ja wohl gehörig untertrieben. Mehr geht ja wohl nicht. Wenn man bereit ist, mit seinem Leben für seine Überzeugungen einzustehen!" Es war so herausgerutscht. Etwas laut vielleicht und hektisch, aber seitdem der Film begonnen hatte, hatte sich ein Pfropfen auf mein Ventil gesetzt und jetzt explodierte es halt.

„Der Film geht jedem an die Nieren, der sich darauf einlässt", sagt Mama beschwichtigend, „und die schlimmen Stellen kommen erst noch. Schlimm nicht in dem Sinne, dass man Blut sieht oder sich gruseln muss. Aber man hat Teil an einem ganz eigenen, speziellen Grusel, der eben nicht leicht auszuhalten ist."

Papa nickt. „Warum tut ihr euch das eigentlich an", fragt er, „nicht gerade ein seichtes Unterhaltungsthema für einen Sonntagabend?!"

„Eigentlich haben wir für die Jubiläumsfeier unserer Schule recherchiert", erklärt Pauline, „aber der Lebenslauf von Sophie Scholl gibt nicht so viel her. Wir hatten die Idee, eine Zeitskala zu erstellen, mit Fotos, Lebensdaten und Zitaten, aber diese Präsentation wäre dann reichlich kurz." Sie grinst, und es scheint ihr wieder besser zu gehen.

„Als wir vorhin Pause gemacht haben, haben wir Johann beim Gucken des Films erwischt", ergänze ich.

„Und nett und freundlich wie dein großer Bruder eben ist, hat er euch gleich eingeladen, euch dazuzusetzen und mitzugucken." Johann zwinkert mir zu. „Und euch zu bilden!"

Boah, Mann, manchmal kann er wirklich ätzend sein. Ich ignoriere ihn und wende mich wieder an Papa: „Das mit der Zeitskala ist außerdem schwierig, weil man über ihre Kindheit und Jugend gar nicht so viel weiß. So richtig haben sich die Ermittler ja erst in ihren letzten Jahren und vor allem letzten Tagen auf sie konzentriert. Dementsprechend mager sieht es mit Fotos oder Lebensdaten aus."

Papa grübelt eine Weile nach, dann fragt er: „Habt ihr mal überlegt, die Fotos selbst zu machen? Als Fotostory sozusagen? Szenen, Ereignisse, Gefühle auf einem Foto darzustellen? In ihre Rolle zu schlüpfen?"

Ich sehe meinen Papa erstaunt an. Sonst ist eher Mama der kreative Kopf in unserer Familie.

„Und dann überlegt ihr euch ein Symbol oder eine Darstellung des ‚Bösen‘, gegen das Sophie kämpft“, nimmt sie auch schon den Faden auf. Hätte ich mir denken können.

„Es geht ja eher um das Innere von Sophie Scholl, nicht so sehr um ihre Lebensdaten“, fährt sie fort.

„Man müsste vielleicht mit Sprech- und Gedankenblasen arbeiten“, meint Papa, „um auch Sophies Gedanken darzustellen, oder man überträgt den Kampf zwischen Gut und Böse auf die heutige Zeit, macht es aktuell.“

„Klingt ja fast wie Star Wars“, lacht Mama, „kämpfe gegen die dunkle Seite der Macht, Luke.“

„Möge die Macht mit dir sein, Schatz!“, lacht Papa und küsst sie auf die Wange.

„Hallo? Wir sind auch noch da!“, sage ich. Beide schauen in die Runde und grinsen. Eltern!

Aber die Idee finde ich gar nicht schlecht. Vor meinem inneren Auge sehe ich mich schon mit der Kamera, beziehungweise mit dem Handy in der Hand verschiedene Aufnahmen machen. Großaufnahmen von Details wie dem Koffer, in dem die Flugblätter transportiert wurden oder eine Totale, Sophie vorm Gitterfenster ihrer Zelle, dahinter ein drohender dunkler Schatten, ein Schatten, ja, das ist es… etwas nicht Greifbares, das das Böse symbolisiert … dann die Sprech- und Gedankenblasen dazu, das eine, was man äußerlich wahrnimmt, das andere, was man in Sophies Gedanken interpretiert. Das Problem ist nur, dass weder Pauline noch ich uns besonders gut mit dem Zurechtschneiden von Fotos auskennen. Aber vielleicht haben ja noch andere Leute Lust, bei unserem Projekt mitzumachen.

„Ihr könnt gleich weiterschauen und müsst nicht mit abräumen", sagt Mama, „sonst wird es nach hinten raus zu spät!"

Johann geht voran und wir folgen ihm ins Wohnzimmer.

„Was hältst du von der Idee mit der Fotostory?", frage ich Pauline, während wir uns setzen.

„Finde ich großartig", sagt Johann und nimmt Pauline die Antwort vorweg. Er reicht ihr vorsorglich die Box mit den Taschentüchern und startet den DVD-Player. Während der Player nach der Disc sucht und röchelt und stochert, sagt Johann: „Ich kann euch gut dabei unterstützen und euch die Fotos ausdrucken, schneiden oder verändern. Wir haben mal in Religion so ein Projekt zum Thema ‚Gewalt' gemacht. Damals haben wir eine Fotostory erstellt und sie anschließend in einer PowerPoint-Präsentation vorgestellt. Was meint ihr, soll ich bei eurem Projekt dabei sein?"

Ich starre meinen Bruder an und will schon erwidern, dass ich mir nicht unbedingt seine Unterstützung vorgestellt habe, da fällt mein Blick auf Pauline, die total glücklich lächelnd zwischen uns sitzt. Erstens, was läuft da eigentlich? Läuft da was? Und zweitens, na gut, so what? Johann ist genauso gut wie jeder andere, und es stimmt schon, mit dem PC kennt er sich wirklich gut aus.

Ich bleibe ihm vorerst die Antwort schuldig, denn der Film startet. Sophie in Handschellen abgeführt, bloßgestellt. Dennoch trägt sie ihren Kopf aufrecht, obwohl sie ahnt, was jetzt auf sie zukommt. Der dunklen Macht gegenübertreten. Was meinte Mama vorhin? Klingt fast wie bei Star Wars? Aber das war es ja vielleicht auch. Das Grundprinzip ist doch irgendwie immer das Gleiche: Gut gegen Böse, Frodo gegen Sauron, Harry Potter gegen Voldemort, die gute Seite der Macht gegen die dunkle. Und immer scheint das Dunkle übermächtig. Immer scheint es einem verschwindenden Guten gegenüberzustehen. Und die Guten müssen gefühlt immer etwas mutiger und standhafter sein.

Wieder drängt sich mir das Bild von einer kleinen, jungen Sophie auf, die von einem großen, dunklen Schatten fast verschlungen wird. Und dennoch wirkt sie nicht ängstlich, sondern aufrecht und zuversichtlich.

Jetzt sieht man die Zelle. Ein Tisch, zwei Stühle, zwei Betten, einen Spint. Die Wärterin des Gefängnisses bleibt bei Sophie in der Zelle. „Damit du dich nicht umbringst!", sagt sie.

Dann, nach vielen Stunden des Verhörs, wird Sophie hinausgeführt, hat schon fast den Entlassungsschein in der Hand. Wenn Hoffnung greifbar ist, dann in diesem Augenblick. In dieser Szene wirkt sie unfassbar jung, jünger noch als ich.

Pauline neben mir schluchzt auf.

Dies ist ein kleiner Zwischensieg, und ich möchte fast an dieselbe Hoffnung auf Freiheit glauben, wie Sophie. Doch wir wissen ja, wie es weitergehen muss. Das Telefon im Film klingelt, Sophie wird erneut verhört, und auch wenn sie beschwört, nicht sie habe die falsche Überzeugung, sondern der Verhörführer, wird sie erneut abgeführt, vor ein Gericht gestellt und schließlich zum Tode verurteilt. Noch am gleichen Tag wird das Urteil durch die Guillotine vollstreckt. Man sieht das Fallbeil nicht fallen, aber man hört den dumpfen Schlag, der Bildschirm ist schwarz. Pauline ergreift meine Hand und drückt sie fest. Ich spüre heiße Tränen über meine eigenen Wangen rollen. Scheiße, das passiert mir sonst nie. Ein zaghafter Blick nach rechts verrät mir, dass auch Johann mit seiner Fassung ringt.

„Scheiß guter Film", nuschle ich und greife auch zu den Taschentüchern.

Ich bin sehr froh und dankbar, dass mein Bruder mich in diesem Moment nicht damit aufzieht.

„Also abgemacht", sage ich während ich aufstehe, „wir drei arbeiten zusammen an der Fotostory. Und ich kann mir vorstellen, dass Tim, Lionel und Laura auch mitmachen!"

\*\*\*

# KAPITEL 3

## ERPRESSUNG

Bis zur Abgabe der Ideen für die Projekttage haben wir noch etwas Zeit, genauer gesagt: bis Mitte Dezember. Wir treffen uns am Freitag wieder und wollen dann unseren Leitfaden für unsere Projektidee erstellen. Das muss jeder machen, der eine Projektidee einreicht. Es muss deutlich werden, welchen Inhalt bzw. welches Thema man bearbeitet, wie viele Personen daran mitarbeiten sollen, was man dazu braucht (Materialien, Räumlichkeiten ...), ob man eine Lehrkraft zur Unterstützung braucht und wie man es präsentieren möchte.

Heute ist erst Mittwoch und ich habe irgendwie keine Lust, an meinem Schreibtisch zu hocken und allein zu arbeiten. Das Wetter draußen ist herrlich, der erste Frost liegt in der Luft und es zieht mich einfach fort. Zugegeben – jetzt nicht unbedingt, weil ich so naturvernarrt bin, ihr erratet es sicher, ich möchte mich mit Luca treffen.

Seitdem Johann uns auf dem Spielplatz gesehen und mich deshalb kritisiert hatte, haben Luca und ich uns woanders getroffen. Außerdem ist Mittwoch mein freier Nachtmittag, an dem ich kein Trampolinunterricht oder Volleyballtraining habe. Mittwoch ist Luca-Tag.

Ich schnappe mir also meinen Rucksack, wickle mich in meinen Schal, Mütze auf den Kopf und ab die Post mit dem Fahrrad hinauf zum Kieferberg. Der Kieferberg ist nicht wirklich ein Berg, eher so eine Art Hügel, aber er liegt etwas außerhalb der Stadt, dort beginnt auch der Aufstieg zum Aussichtsturm. Ich brauche ungefähr zwölf Minuten bis dorthin und kann es jedes Mal kaum erwarten, endlich da zu sein.

Unten am Parkplatz schiebe ich mein Fahrrad zwischen die Bäume (alles Kiefern, deshalb auch der Name), dann marschiere ich den Wanderpfad hinauf zum Turm. Noch einmal fünf Minuten. Etwas außer Atem komme ich an. Der Turm selbst ist nicht mehr betretbar, zu morsch und einsturzgefährdet. Im nächsten Jahr soll er abgerissen werden. Aber darunter kann man gut chillen und abhängen. Luca ist bereits da.

Wie immer macht mein Herz einen kleinen Sprung. Er sieht unglaublich gut und verwegen aus. Er hockt auf der Banklehne, die neuen Sneakers auf der Sitzfläche, leicht nach vorne gebeugt, Ellenbogen auf den Knien und raucht eine Zigarette. Seine schwarze Hose, seine weite Bomberjacke, alles wie sonst. Nur seine Haare sind anders als beim letzten Mal. Sie sind kürzer, aber auf dem Scheitel ganz nach oben gestellt. Es sieht aus wie ein Igel. Ich finde, zu ihm passt das, auch die Zigarette in der Hand. Wirkt wie ein Kunstbild.

Obwohl ich es nicht noch einmal probiert habe, hat Luca mich auch nicht noch einmal gefragt. Er hat nur neulich gesagt: „Wenn du möchtest, Lisa, dann jederzeit, brauchst es nur zu sagen!"

Mit dem Gedanken spiele ich schon seit Langem, sag ich ja, mein Hang in den Graubereich ist eindeutig da, aber ich bin einfach noch nicht so weit. Voll gut von Luca, dass er mich nicht drängt.

Neben ihm auf der Sitzfläche der Bank steht eine Flasche. Kein Bier diesmal. Er folgt meinem fragenden Blick. „Wodka, Süße", sagt er.

Ich setze mich neben ihn auf die Banklehne und krame eine Decke aus meinem Rucksack hervor. Wir legen uns die Decke über die Beine. Ich finde das total romantisch, gemeinsam mit Luca unter einer Decke zu sitzen.

Ich möchte ihm gern von unserem Projekt erzählen, weiß aber, dass er es hasst, wenn ich Dinge aus der Schule berichte. Also lasse ich es. Schule und Lehrer und all das ist tabu. Außerdem erzählt er gern von sich. Also höre ich ihm zu, wenn er von sich und „seinen coolen Jungs" erzählt, wie sie neulich einen Opa um sein Geld erleichtert haben. „Gehört ja schließlich zur guten Bürgerpflicht, alten Leuten beim Tragen zu helfen!", lacht er. Dann, wie sie heimlich die Bushaltestelle mit Graffiti angemalt haben, um dem System zu zeigen: „Nicht mit uns!" Dabei grinst er breit und feixt in sich hinein.

Eigentlich finde ich das immer aufregend, wenn er solche Dinge erzählt und mich an seiner Macht über andere teilhaben lässt, doch heute rührt sich da noch etwas anderes. Irgendwie geht es mir gegen den Strich. Mein Unrechtsempfinden ist geweckt. Ich sag das natürlich nicht, will die Stimmung nicht verderben, also lache ich mit, etwas gekünstelt zwar, aber Luca fällt das nicht auf.

Stattdessen ergreift er meine Hand, die im Handschuh steckt, drückt einen Kuss drauf und sagt: „Ich denke, es ist an der Zeit!" Er schaut mir lange in die Augen und bläst den Rauch aus.

„Wofür?", frage ich. Meine Stimme ist ganz heiser, denn ich erwarte einen Kuss, den ersten richtigen Kuss.

„Du musst unbedingt die Jungs kennenlernen und mit uns abhängen!", sagt er und lässt stattdessen meine Hand los. Ich bin enttäuscht. Er drückt die Zigarette aus und wirft die Kippe auf den Boden. Wieder so ein Ziehen und ein Aufbäumen in mir drin: Das macht man doch nicht, eine Kippe auf den Waldboden werfen, auch wenn es Winter ist. Doch ich halte die Klappe.

Ich lasse seine Worte durch mein Gehirn wandern und bin gleich nicht mehr ganz so enttäuscht. Er will mich immer noch treffen und noch mehr. Er will, dass ich mit ihm und seinen Kumpels abhänge. Krass. Ich stehe auf und ziehe mein Handy aus der Hosentasche.

„Ich muss los", sage ich und merke, dass ich wieder einmal traurig werde. Obwohl mich heute doch ein, zwei kleine Sachen an Luca gestört haben, bin ich traurig, ihn verlassen zu müssen. Waren ja auch nur Banalitäten. Der Anführer einer Jungengang konnte doch nicht ernsthaft so vorbildlich sein und seine Kippe in den Papierkorb werfen, oder?

Luca lächelt mich an – so sweet. „Überleg es dir", sagt er und hält noch einmal meine Hand fest, lange. „Ich kann dir unseren Treffpunkt verraten und du kannst dann nächste Woche Mittwoch mit uns zusammen abhängen!"

Ich lächle zurück. Dann packe ich die Decke ein und marschiere den Trampelpfad zurück zum Parkplatz. Aus den Augenwinkeln sehe ich, dass Luca zur Flasche greift und einen großen Schluck daraus trinkt. Ich habe im Moment keine Meinung dazu, doch mein Herz schlägt mir bis zum Hals hinauf. Ich werde ein Mitglied seiner Truppe werden.

Als ich zu Hause ankomme, klingelt mein Handy. Pauline ist dran. „Das ist megaätzend, was da gerade bei uns an der Schule abgeht", sagt sie und ist sofort auf 180. „Benny, mein kleiner Bruder, wurde von zwei Typen aus der Neunten ausgenommen. Sie haben ihm Angst gemacht. Ich kenne ihn so gar nicht, er ist in der Pause weinend und völlig verstört zu mir gekommen. Die Typen haben ihm sein Mensageld abgenommen und ihn aufgefordert, ihnen das jeden Tag zu geben, sonst würden sie ihm weh tun. Das geht mir echt zu weit. Neulich erst Björn, jetzt Benny. Echt mal, Lisa, das geht nicht." Sie schreit mich an, als ob ich etwas dafür könnte.

„Benny hatte so viel Angst", fährt sie fort, bevor ich dazwischenkommen und etwas erwidern kann, „dass er zu Hause davon nichts erzählen will. Er wollte nicht einmal sagen, wer das war aus der Neunten. Sie haben gesagt, dass sie unseren Hund vergiften, wenn er sie verpetzt. Stell dir das mal vor, Lisa, wie krank ist das denn? Ich habe Benny versprochen, dass ich zu Hause nichts sage, aber ich sag es dir jetzt, Lisa, das muss aufhören!"

Wieder dieser Vorwurf, als sei ich dafür verantwortlich. So ganz allmählich dämmert mir da was. Pauline erzählt mir alles, sie ist schließlich meine Freundin, also ist es nicht verwunderlich, dass sie mir auch von dieser Sache berichtet. Aber in ihrer Stimme klingt ein Unterton mit, so als würde sie mir das nicht nur neutral berichten, sodass wir uns gemeinsam darüber aufregen können, sie fordert hier eine Handlung von mir ein. Sie weiß, dass ich mich jeden Mittwoch mit Luca treffe und sie weiß auch, wann ich wieder zu Hause bin. Es ist kein Zufall, dass sie mich gerade jetzt anruft. Sie muss gewartet haben, bis ich von meinem Treffen mit Luca zurückgekommen bin.

„Das hört sich echt krank an", sage ich beschwichtigend, als Pauline eine Pause macht. Um ganz sicher zu sein, ob ich mit meiner Vermutung recht habe, frage ich wie beiläufig: „Was willst du also tun?"

„Was *ich* tun will?", echot sie, und ich muss das Telefon weiter weghalten. Sie ist jetzt echt krass drauf. „Die Frage ist wohl eher, was *du* tun musst!"

„Wieso denn ich?", brülle ich jetzt fast genauso laut zurück, doch mir schwant nichts Gutes.

„Weil Luca mit diesen Typen abhängt und du mit Luca abhängst!"

Jetzt ist es raus.

Ich hole tief Luft und sage so ruhig wie möglich: „Nur weil Luca anders ist, heißt das noch lange nicht, dass er schlecht ist ..."

„Bla, bla, bla, die alte Leier", sagt Pauline, und ich sehe sie fast vor mir, wie sie die Augen verdreht. „Lisa, wach auf, man, echt. Luca ist der Anführer dieser Typen!"

Jetzt werde ich zornig. „Du weißt nicht einmal genau, wer deinen Bruder bedroht hat, aber du weißt genau, dass Luca ihr Anführer ist? Das ist arm, Pauline. Jeder stürzt sich nur auf den erstbesten Sündenbock. Ist ja auch einfacher, als genauer hinzusehen!"

Pauline sagt nichts. Ich hätte erwartet, dass sie mich weiter anschreit. Aber ich höre sie nur atmen. „Ich habe genau hingesehen", sagt sie plötzlich ganz leise und ruhig. „Hättest du Benny auch gesehen, die Panik in seinem Gesicht, die Tränen, sein Schluchzen, dann würdest du Luca nicht so verteidigen und ihn in Schutz nehmen. Mehr kann ich dazu nicht sagen, Lisa. Ich kann nur hoffen, dass du aufwachst und deinen angeblich strahlenden Ritter so siehst, wie er wirklich ist. Er ist gemein."

Dann verstummt das Telefon endgültig. Pauline hat das Gespräch beendet.

Immer noch will und kann ich es nicht glauben. Klar, heute Nachmittag ging es mir ja auch so, dass mich plötzlich etwas an Lucas Äußerungen und Verhalten gestört hat. Aber dass er ein Erpresser ist? Ein Schreckgespenst für Kinder? Nee, das kann ich nun wirklich nicht glauben. Oder doch?

Ach, Mist, ich weiß auch nicht. Oma sagt in solchen Fällen immer einen schlauen, weisen Spruch. Obwohl ich ihn bislang nie ganz verstanden habe, dämmert mir so allmählich, was er bedeutet: Zweifel ist eine Saat, die nicht mehr kleinzukriegen ist, hat sie einmal begonnen zu wachsen. Ich werde Pauline jetzt eine Stunde Zeit lassen und sie heute Abend noch einmal anrufen. Vielleicht können wir dann wieder wie zwei Freundinnen miteinander reden.

\*\*\*

Seit dem Streit mit Pauline ist eine Woche vergangen. An dem gleichen Abend war Pauline nicht so ganz bereit gewesen, noch einmal mit mir zu sprechen. Sie hat aber gut reagiert, wie ich finde, und gesagt, dass wir uns ja morgen in der Schule sehen würden und dann vielleicht Zeit finden, da noch einmal in Ruhe drüber zu sprechen. Das war in meinen Augen voll in Ordnung, da ich ohnehin auch etwas Zeit für mich selbst zum Nachdenken brauchte.

Morgens in der Schule hat Pauline mich dann sofort beiseitegezogen und hinter sich her in die Aula geschleift. Dort oder an der Hausmeisterloge sitzen immer die Schüler, die schon früher mit dem Bus gebracht werden und warten, bis es zum Stundenbeginn gongt. Paulines Bruder spielt hier sonst immer Fangen, läuft lachend durch die Halle oder quatscht lebhaft mit seinen Freunden. An diesem Tag saß er fast versteckt hinter seinen Freunden in einer Ecke und tat so, als wäre er nicht da. Sein Gesicht zeigte Verunsicherung, Angst, seine Augen huschten nervös durch die Aula.

Pauline musste mir an diesem Tag nichts mehr erklären oder beweisen. Die Veränderung, die mit Benny vor sich gegangen war, war offensichtlich und erschreckend. Irgendjemand hatte Schuld daran, und diesen Übeltätern musste das Handwerk gelegt werden, eindeutig, da war ich total Paulines Meinung. Aber dennoch hieß das für mich noch lange nicht, dass Luca daran schuld oder in diese Sache verwickelt war. *Noch* hieß es das nicht für mich! Aber wie gesagt, der Zweifel war gesät.

Heute ist wieder Mittwoch, Anfang Dezember. Die Stadt ist mit Lichterketten und Weihnachtsbäumen geschmückt. Ich treffe mich das erste Mal mit Luca und „seinen Jungs" in der Einkaufsstraße. Zwischen Sport-Bröckmann und der Eisdiele gibt es eine kleine Gasse, die ins Halbdunkel führt. Jetzt im Winter ist die Eisdiele geschlossen, aber es gibt immer nachmittags in der Adventszeit einen Keks- und Kuchenverkauf dort. Die Gasse nach hinten ist menschenleer. Luca stellt mich seinen Freunden vor und ich erkenne Torben und – wie heißt er noch? Kevin? – aus der 9c. Ob das die beiden sind, die Benny und Björn erpressen? Ich lasse mir nichts anmerken, finde es cool, dazuzugehören. Darüber hinaus kommen noch zwei weitere Jungen aus der Zehnten. Ich muss mir ihre Gesichter merken und Johann nach ihnen fragen. Ihre Namen kenne ich nicht.

Mir gefällt das Gefühl von Macht, das von Luca ausgeht. Er selbst scheint der Jüngste zu sein und trotzdem das Sagen zu haben. Und das Gefühl, etwas Besonderes zu sein, gefällt mir auch. Ich bin das einzige Mädchen in der Gruppe und Lucas Freundin. Schnaps- und Wodkaflaschen machen die Runde, doch ich halte mich zurück. Luca hatte ja gesagt, ich hätte Zeit. Doch heute, im Kreis seiner Kumpels, hält er mir immer wieder die Flasche entgegen, bis ich schließlich nachgebe. Weiß auch nicht, wieso.

Ich trinke. Noch im gleichen Moment pruste ich es wieder aus. Es ist widerlich. Das Zeug brennt im Hals und schmeckt ekelhaft. Obwohl ich wahrscheinlich 90 Prozent davon wieder ausspucke, grölen die Jungen, klopfen mir auf die Schulter und loben mich. Als Luca dann auch noch den

Arm um meine Schulter legt und mich dicht an sich zieht, platze ich fast vor Stolz.

„Das ist meine Kleine", sagt er zu den Jungs, „ist sie nicht zauberhaft?"

Anerkennendes Nicken, Lachen. Dann, völlig unerwartet, presst Luca mir einen Kuss auf den Mund. Kurz und brutal fast. Meine Mütze verrutscht. Die Jungs grölen noch lauter, während in mir etwas zerbricht. Sein Kuss schmeckt nach Schnaps und Zigaretten und ist genauso ekelhaft wie das Zeugs, das ich eben in mich hineingekippt und wieder ausgespuckt habe. Außerdem habe ich mir meinen ersten Kuss von Luca so nicht vorgestellt. Ich habe eine komplett andere Vorstellung davon gehabt: romantischer, einsamer, leidenschaftlicher und liebevoller irgendwie, keine Ahnung wie genau, ich wurde ja noch nicht geküsst, zumindest nicht von einem Jungen. Luca lässt mich los, trinkt wieder, rotzt und spuckt auf die Straße. Die Tür des Gebäckladens geht auf und eine ältere Frau mit zwei Weihnachtstüten humpelt die wenigen Stufen zur Straße hinunter. Luca wendet sich an seine Kumpel.

„Ich für meinen Teil habe Hunger", sagt er grinsend. „Wie wäre es mit Weihnachtsbäckerei?" Die Daumen gehen hoch, die Flaschen werden weggesteckt.

„Los, Kapuzen auf!", befiehlt Luca. Automatisch streife auch ich meine Kapuze über und ziehe sie mir weit ins Gesicht. Und ehe mir ganz klar wird, was genau wir da tun, trabe ich mit den anderen auf die Frau zu, sehe, wie Luca ihr die Taschen entreißt, Kevin sie schubst, einer der Jungs aus der Zehnten noch einmal nachtritt und die Frau mit einem Schrei rücklings zu Boden geht. Renne und fliehe den anderen hinterher, keuche, höre mein Herz in der Brust schlagen und spüre Tränen in mir hochsteigen.

Als wir mehrere Straßen hinter uns gelassen haben und zum Stehen kommen, plündern die Jungs die Taschen und verteilen die Beute. Ich bin völlig fassungslos, tue aber so, als sei das völlig okay, schäme mich aber abgrundtief. *Scheiße, in was bin ich da hineingeraten?*

Wieder zieht Luca mich an sich, legt mir den Arm um die Schulter.

„Das ist mein Mädchen", sagt er. Zum Glück kommt er nicht auf die Idee, mich ein zweites Mal zu küssen. Da hätte ich sicher die Fassung verloren, mit der ich seit Minuten ringe. Nach ein paar Augenblicken schaue ich auf die Uhr.

„Ich muss los", sage ich, „war cool!" Ich sage es fast als Selbstschutz. Ich verspüre Angst, das erste Mal, entweder man gehört dazu und macht mit, oder man steht außen und ist ein Feind – oder ein Opfer. Ich will zumindest nicht heute herausfinden müssen, was Sache ist.

Die Jungs verabschieden mich, klopfen mir noch einmal auf die Schulter und wieder empfinde ich Abscheu und Ekel. Auch sie gehen jetzt auseinander, denn dann sind sie für die Polizei nicht greifbar. Ich laufe durch die Straßen zu der Stelle zurück, wo ich mein Fahrrad abgestellt habe. Kurz vor Sport-Bröckmann nehme ich die Kapuze und auch meine Mütze ab und stopfe sie in meine Jackentasche. Ich habe zu viel Angst, dass man mich erkennt. Doch ich muss Gewissheit haben und gehe an der Gasse und dem Gebäckladen vorbei. Ich sehe durch die Glastür, dass die Frau auf einem Stuhl sitzt und ein Kühlpack an die Stirn presst. Sie weint. Ich habe noch nie einen erwachsenen Menschen weinen sehen und mein Herz steckt in der Schraubzwinge. Die Dame aus dem Geschäft tröstet sie, während ihre Kollegin telefoniert. Sicher mit der Polizei. Ich wende mich ab und renne zu meinem Fahrrad.

*Scheiße, Scheiße, Scheiße*, denke ich. Tut mir leid, ich kann nicht anders.

Ich merke gar nicht, welchen Weg ich fahre. Meine Beine strampeln automatisch, so, wie man automatisch atmet – ohne nachzudenken. Vielleicht hat Johann recht, vielleicht hat Pauline recht, vielleicht sollte ich beginnen, viel öfter über Dinge nachzudenken.

Noch während ich fahre, rufe ich Pauline an.

„Hast du heute Zeit?", frage ich unter Tränen.

Einen Moment lang höre ich nur den Wind in meinen Ohren, Pauline scheint zu erraten, dass ich weine.

„Aber so was von", sagt sie. „Wann soll ich kommen?"

\*\*\*

# KAPITEL 4

# IDEENSCHMIEDE

Heute in der Schule gehe ich den Jungs aus dem Weg. Sie scheinen das nicht weiter merkwürdig zu finden, denn untereinander sieht man sie auch nicht reden oder zusammenstehen. Das gehört wahrscheinlich zur Tarnung. Das sind bestimmt Vorsichtsmaßnahmen, damit man sie nicht miteinander in Verbindung bringen kann.

Pauline habe ich nicht alles erzählt, nur dass ich Schnaps getrunken habe und es ekelig fand, wie Luca mich küsste. Die Namen der anderen Jungen und ihre Tat vor dem Gebäckladen habe ich nicht erwähnt, obwohl genau das mir immer wieder die Tränen in die Augen trieb. Pauline tröstete mich, denn sie dachte, es würde an dem Kuss von Luca liegen. Als dann später über diese Tat in den Medien berichtet wurde, konnte Pauline mich damit nicht in Verbindung bringen. Aber sie ließ sich auch nicht davon abbringen, dass Luca irgendwie darin verstrickt war.

Nun sitzen Pauline und ich nebeneinander in der Reli-Stunde. Frau Wert betritt den Raum und es wird leise. Die Schüler haben unglaublichen Respekt vor ihr. Sag ich ja: streng, aber fair. Wir stehen auf und begrüßen sie.

„Wir wollen heute das Thema unserer Projekttage aufgreifen", beginnt Frau Wert, „es gibt, wie ihr sicher wisst, bekannte und weniger bekannte Leute, die sich zur Zeit des Nationalsozialismus' gegen Hitler und sein Regime gestellt haben!"

Wir nicken.

„Im letzten Halbjahr haben wir das Leben und Schaffen von Dietrich Bonhoeffer behandelt, falls ihr euch erinnert", erklärt Frau Wert und zeigt uns auf dem Activboard noch einmal ein Foto des Mannes, der mit seinen Briefen und Schriften so vielen Menschen im Hitlerdeutschland Mut gemacht hatte. Auch er wurde, wie so viele Gegner des Regimes, verhaftet, verurteilt und hingerichtet.

„Nun wollen wir uns mit Sophie Scholl beschäftigen", fährt Frau Wert fort, „denn sie ist ja die Namensgeberin unserer Schule!"

Sie öffnet ein Foto der Widerstandskämpferin. Ich kenne das Bild. Es ist eine Schwarzweiß-Fotografie. Pauline und ich haben sie bei unseren Recherchen auch gefunden. Sie zeigt eine Großaufnahme von Sophie Scholl, die sich in der Mitte befindet. Links und rechts sieht man jeweils einen Mann im Profil. Der Mann auf der linken Seite trägt so etwas wie einen Hut oder eine Mütze, der Mann auf der rechten Seite könnte Hans Scholl, Sophies Bruder, sein. Sophie selbst hat die dunklen, schulterlangen Haare zur Seite gescheitelt, trägt eine grobe Strickjacke und an ihrem Pulli eine weiße Blume. Eine Margerite? Alle gucken sehr konzentriert und ernst.

„Bevor wir uns darüber unterhalten, wie man ihr Leben darstellen oder präsentieren kann, möchte ich, dass ihr ein kurzes Brainstorming macht und euch darüber austauscht, was ihr schon über sie wisst oder zu wissen glaubt. Tut euch zu dritt oder zu viert zusammen und schreibt alles ungefiltert auf. Danach geht es dann weiter."

Stühle werden verrückt, Tische verschoben. Diese Arbeitsphase kennen wir schon und wissen, wie das abläuft. Frau Wert ist echt ein Fan von Gruppen- und Partnerarbeiten. Sie ist der Meinung, dass man viel mehr von dem behält, was man selbst macht, als von dem, was man nur vorgesetzt bekommt.

Lionel und Laura kommen zu uns an den Tisch, und schon beginnen wir. Pauline schreibt den Namen „Sophie Scholl" in die Mitte eines leeren Blattes. Vier Stifte, vier rauchende Köpfe, dann ist das Blatt gefüllt mit Stichwörtern, Daten, Fragen …

Eine Gruppe fängt an, ihre Ergebnisse vorzulesen, die anderen ergänzen reihum. Wir staunen, wie viel da schon an Informationen zusammenkommt. Um einiges mehr als das, was Pauline und ich im Internet recherchiert hatten. Melissa weiß unglaublich viel über die Zeit im Nationalsozialismus. Sie wiederholt die achte Klasse und hatte dieses Thema schon im Geschichtsunterricht. Maike weiß viel über die „Weiße Rose", weil sie darüber schon mal ein Referat gehalten hat, und Lio weiß einfach immer viel, weil er sich für alles interessiert und, ähnlich wie mein Bruder, in Büchern zu wohnen scheint.

Frau Wert hält all diese Stichwörter an der Tafel fest. Wir ergänzen unsere eigenen Notizen. Nach nur zehn weiteren Minuten sind die Tafel und auch unsere Zettel gefüllt. Ich wusste gar nicht, dass es eine Briefmarke gab, die der „Weißen Rose" gewidmet worden ist oder wie der Richter hieß, der die Geschwister Scholl verurteilt hatte: Roland Freisler. Die Uhr zeigt elf Minuten nach neun. In vier Minuten ist die Stunde zu Ende. Merkwürdig, dass ich immer das Gefühl habe, die Reli-Stunden seien kürzer als alle anderen Unterrichtsstunden.

„In der nächsten Stunde überlegen wir dann, was wir mit diesen Informationen anfangen. Wir müssen wahrscheinlich ein wenig genauer recherchieren und dann festlegen, wer in der Projektgruppe ‚Sophie Scholl' sein möchte", sagt Frau Wert und speichert das Tafelbild ab.

„Viele von euch möchten wahrscheinlich eher kochen, backen oder sich in sportlichen Projekten engagieren", fügt sie lächelnd hinzu, „doch ich baue darauf, dass sich ein oder zwei aus unserem Kurs und eventuell ein oder zwei aus dem Geschichtsunterricht von Frau Kremer im 10. Jahrgang bereit erklären, sich mit dem Leben der Sophie Scholl zu beschäftigen und es auch irgendwie präsentieren."

Dann schaut sie auf ihre Kursliste und sagt: „Merle und Eileen, ihr fegt bitte!"

Es gongt. Alle packen ihre Sachen ein und verlassen den Raum, bis auf Merle und Eileen, die noch fegen, und Pauline und ich. Wir gehen zu Frau Wert nach vorne.

„Wir hätten Lust", sage ich, „und wir hätten auch schon eine Idee."

Im ersten Moment schaut uns Frau Wert überrascht an, so als wolle sie sagen, nicht gerade du, Lisa, ob das wohl was Richtiges wird? Doch dieser Ausdruck verschwindet sofort von ihrem Gesicht. Sie gibt eben jedem eine Chance. „Wirklich?", fragt sie. „Darf ich eure Idee hören?"

Pauline und ich erzählen abwechselnd von unserem Rechercheabend, von der mangelnden Ausbeute an Informationen für einen herkömmlichen Zeitstrahl, dann von unserem gemeinsamen DVD-Erlebnis mit Johann und der Idee, eine eigene Fotostory zu machen, mit Texten, Sprech- und Gedankenblasen.

„Wir wollen den Schwerpunkt mehr auf die Gefühlswelt von Sophie legen", sage ich.

„Die Daten sind so schnell abgehandelt", ergänzt Pauline, „dass es sich kaum lohnt, sie zu präsentieren. Die Präsentation wäre mehr als kurz."

„Aber wenn wir eine eigene Fotostory machen", erkläre ich, „mit eigenen Szenen, uns Gedanken darüber machen, was Sophie in diesen Momenten gedacht haben könnte, unsere ganz eigene Interpretation daraus machen …"

„… dann wird es richtig gut", vervollständigt Pauline meinen Satz mit Nachdruck.

Frau Wert hat sich alles sehr ernst angehört. Dann entspannt sich ihr Gesicht und sie sagt: „Das ist eine ganz hervorragende Idee! Ich bin mir ganz sicher, das wird großartig! Man könnte das Ganze moderner aufziehen, denn das, wogegen Sophie gekämpft hat, ist ja leider immer aktuell. Ihr könntet eine Regieanweisung schreiben, ein Mini-Storyboard dazu entwerfen, euch Gedanken machen, welches Detail ihr darstellen wollt, welche Requisiten ihr braucht, wann eine Großaufnahme Sinn macht, wann eine Totale …"

„Ganz genau", unterbreche ich sie vorsichtig, denn wir wollen noch in die Pause.

So ist Frau Wert. Feuer und Flamme für gute Ideen, engagiert und sofort bereit, daran mitzuwirken. Weder Pauline noch ich haben erwähnt, dass Johann, der Musterschüler, dabei sein wird, und dennoch geht sie davon aus, dass wir beide das super hinkriegen.

„Ihr beiden Mädchen solltet dann zur nächsten Woche euren Projektzettel fertig haben, damit ihr das dem Kurs vorstellen könnt", sagt sie und erhebt sich lächelnd. „Vielleicht könnt ihr euch auch schon ein wenig umhören, wer noch Interesse daran hätte, bei euch mitzumachen. Dann kann ich diese Idee schon als erstes Projekt der Schulleitung melden!"

Sie scheint mehr als nur ein bisschen begeistert.

Pauline und ich lächeln uns an. Wir wissen genau, wer noch mitmachen wird. Lionel und Laura sind auf jeden Fall dabei. Und ich kann fast wetten, dass Tim, Johanns bester Freund und Klassenkamerad aus der Zehnten, auch mitmacht. Auf jeden Fall starten wir super motiviert in die nächste Runde. Merle und Eileen verlassen vor uns den Raum, und wir stapfen ihnen durch die frostkalte Luft hinterher in den Pausenbereich der Aula. Lionel und Laura hocken wie immer dicht beieinander. Wir setzen uns zu ihnen und erzählen ihnen von unserer Idee. Sie sind erst skeptisch, ob das nicht zu langweilig wird. Aber sie wollen auf jeden Fall am Wochenende zu unserem Treffen kommen und ein wenig darüber nachdenken.

Der Anfang wäre gemacht.

Plötzlich höre ich eine raue Stimme weiter hinten im Pausenbereich. „Pass doch auf, du kleine Kröte", sagt ein Junge. Ohne mich umzudrehen, weiß ich, wem die Stimme gehört. Einem der Zehntklässler aus Lucas Bande. Ich will eigentlich gar nicht hinschauen, tue es aber doch. Der Typ steht lässig da und hält einen Jungen aus Bennys Klasse an der Kapuze fest.

„Es tut mir leid", stammelt der, „ich habe dich nicht gesehen! Wirklich, sorry." Er weint fast.

„Kleiner Pisser", zischt der Große und schubst ihn von sich. Der Junge stolpert nach hinten und landet auf seinem Po. Der Typ aus Lucas Bande grinst und wendet sich ab. In der Masse entdecke ich Benny, der bleich danebensteht und sich nicht traut, seinem Freund aufzuhelfen. Alle stehen wie eingefroren da.

Pauline erhebt sich.

„Moment mal", sagt sie halblaut und will auf den Typen zugehen, da bin ich mir ganz sicher. Pauline hat ein ausgeprägtes Gerechtigkeitsgefühl und dieser Typ hat eindeutig dagegen verstoßen. Ich halte sie am Ärmel fest.

„Lass es", zische ich, „das lohnt nicht."

Sie guckt mich überrascht an. „Das *lohnt nicht*?", fragt sie. „Darum geht es doch gar nicht, ob es sich lohnt oder nicht. Es ist einfach nicht richtig!" Sie macht sich los und geht zu dem Kleinen hin, der sich gerade vom Boden aufrappelt. Der Typ ist verschwunden, ist wahrscheinlich draußen in der „Raucherecke" oder hängt sonst wo ab.

*Zum Glück*, denke ich. Zum Glück hat mein kleiner Eingriff Pauline so lange aufgehalten, dass der Typ verschwunden ist. Pauline hätte von mir erwartet, dass ich mit ihr komme, um die Sache zu klären, um den Vorfall einem Lehrer zu melden oder dergleichen. Meine Güte, wie hätte ich dann dagestanden? Der Typ hätte das sicher brühwarm Luca erzählt. Und dann? Was würde Luca dann von mir denken?

Pauline spricht den Kleinen an, der schüttelt seinen Kopf. Jetzt tritt Benny aus der Masse heraus und geht auf beide zu. Auch mit ihm spricht Pauline. Beide Jungen sind ganz blass und beide schütteln energisch den Kopf. Ich kann mir denken, worüber Pauline mit ihnen spricht. Sie dreht sich um und kommt auf mich zu. Ihr Gesicht glüht vor Zorn.

„Sie haben Angst", sagt sie wütend, „sie wollen nicht, dass ich zu einem Lehrer gehe und den Typen melde!"

Sie setzt sich neben mich. „Okay, das waren weder Torben noch Kevin aus der Neunten, die Benny das letzte Mal bedroht haben", sagt sie und ringt mit ihrer Fassung, „doch ich schwör's dir, Lisa, ich werde die Augen offenhalten. Wenn es einen Beweis für meine Theorie gibt, dass die alle unter einer Decke stecken und dass auch dein Luca da mitmischt, dann werde ich ihn finden. Und wenn du meine Freundin bist, dann wirst du mir helfen und mich nicht ein zweites Mal aufhalten!"

Sie hat also doch gemerkt, dass das Ärmelziehen ein kläglicher Versuch war, sie abzulenken. Sie weiß zwar noch nicht wovon, aber Pauline ist schlau. Sie wird es herausbekommen. Ich fühle mich schlecht. Die beiden Jungen, die ängstlich vor Pauline stehen, gehen mir nicht aus dem Kopf. Der Sturz des Jungen, der Sturz der älteren Dame.

Will ich wirklich zu so einer Gang dazugehören? Ich will zu Luca gehören. Wenn das ein Teil davon ist, dann muss ich eben damit leben, oder? Vielleicht kann ich Luca ja verändern? Ihn zur Einsicht bringen? Vielleicht kann ich auch einen guten Einfluss auf die anderen Jungs nehmen? Ihnen ein Vorbild sein? Nee, ich weiß schon jetzt, dass ich mir nur etwas vormache, denn dazu gehört mindestens genauso viel Mut wie Pauline eben gezeigt hat. Und das hieße ja, ich müsste Luca und seine Machenschaften kritisieren und eben nicht gut finden. Himmel hilf, das übersteigt gerade meinen Horizont. Aber ich bin Lisa, eine Kämpferin, und schließlich heiße ich fast so wie Sophie Scholl, nur in umgedrehter Reihenfolge sozusagen. Vielleicht werde ich auch so viel Mut aufbringen wie sie? Und sei es auch nur die Hälfte, so schnell werde ich nicht aufgeben.

Pauline hat einen Verdacht gegen den Typen und gegen Torben und Kevin. Hoffentlich sprechen mich die Jungs nie in ihrer Gegenwart an, dann hätte ich einiges zu erklären. Ein wenig erschrecke ich vor mir selbst. Es ist das erste Mal, dass ich ein Geheimnis vor Pauline habe und ihr nicht alles erzähle.

\*\*\*

# KAPITEL 5

# PROJEKT: FOTOSTORY

## SAMSTAG, 7. DEZEMBER 2019:

„So, fertig", sage ich und klicke mit der Maus auf den Druckerbutton. Nach nur wenigen Augenblicken wirft der Drucker ein Blatt aus. Unsere Ausarbeitung für das Projekt „Sophie Scholl" ist fertig.

```
Projektbeschreibung Nr. 1
Frau Wert (Reli-Kurs 8)

Verantwortung:   Lisa und Johann Schubert

Projektname:     Sophie Scholl
Projektthema:    Sophies Kampf gegen das Unrecht —
                 eine Fotostory

Mitwirkende:     Pauline Gerber (8a), Lionel Schütz
                 (8a), Laura Heine (8b), Lisa (Eli-
                 sabeth) Schubert (8a), Johann
                 Schubert (10c), Tim Klein (10c).

Inhalt:          Das Leben von Sophie Scholl als
                 Fotostory abbilden, insbesondere
```

ihre letzten Tage. Szenen werden nachgestellt und fotografiert und dann mit Sprech- und Gedankenblasen versehen. Ihr Mut im Kampf gegen das Böse soll herausgestellt werden, ihre Zuversicht und Stärke im Angesicht des nahen Todes.

**Materialien:** eigene Requisiten, Handys

**Raum:** PC-Raum zum Bearbeiten der Fotos bzw. Erstellen der PowerPoint-Präsentation (evtl. geht auch ein Klassenlaptop mit Drucker).

**Präsentationsform am Tag der offenen Tür:**
PowerPoint-Präsentation in der Aula mit dem Beamer – die Fotostory soll am Nachmittag des Tages der offenen Tür allen Interessierten gezeigt werden.

Ich lese den Zettel allen vor. Johann und – wie erwartet – Tim sind da, sie haben sich auf mein Bett gehauen, lehnen mit dem Rücken an der Wand, Laura und Lionel fläzen sich auf meinem Schafsfell auf dem Boden, Pauline sitzt auf meinem Schreibtischstuhl und ich neben ihr auf dem Hocker. Alle kauen auf der Nikolausschokolade herum, die gestern in meinem Stiefel versteckt gewesen war.

„Merle und Eileen machen eventuell auch mit", sage ich nach dem Vorlesen, „sie wollen sich das Ganze noch einmal überlegen. Sie haben beim Fegen gehört, wie Pauline und ich Frau Wert von der Idee erzählt haben und fanden das spannend, aber sie wollen erst noch unsere Präsentation am Donnerstag abwarten."

Johann rutscht von meinem Bett herunter und setzt sich auf die Kante. Er greift in die Schale mit den Marzipankartoffeln, die auf meinem Schreibtisch steht. „Stark, dass so viele Lust haben", sagt er. „Ich glaube, wir können da echt ganz toll unser eigenes Ding draus machen! Alle sollten sich in den Weihnachtsferien schon mal Gedanken machen, wie das Storyboard aussehen soll, welche Szenen wir auswählen, was wir damit ausdrücken wollen, wie wir Mut darstellen, Angst …"

„… und das Böse!", ergänzt Tim.

„Wir können ja Luca fragen, ob er mitmacht", witzelt Pauline, „den erkennen alle sofort, mit seinen bescheuerten Haaren!" Alle grinsen, nur ich finde das überhaupt nicht komisch. Doch bevor ich mich aufrege und wieder meine „alte Leier", wie Pauline es nennt, abspulen kann, sagt sie schnell: „War nur ein Scherz, Lisa, wirklich!"

Ich lächle zwar nicht, bin aber versöhnt.

„Wozu dient das Storyboard?", fragt Lionel. „Das ist mir noch nicht ganz klar!"

„So können wir nach Weihnachten gleich mit dem Fotografieren loslegen", erklärt Johann. „Es ist sozusagen eine kleine Zeichentrickgeschichte unserer späteren Fotostory. Da wird festgelegt, mit welchem Motiv wir beginnen, wie viele Personen darauf zu sehen sind, wer die Personen sind, was sie tun, welche Requisiten wir brauchen, wie sie aussehen sollen …"

„Was die Personen sagen", nimmt Pauline den Faden auf, „ob sie Gedanken- oder Sprechblasen bekommen oder ob das Bild nur einen Text oder eine Überschrift bekommt."

„Wie ein Comic also?", fragt Lionel.

„Genau."

„Ich kann aber echt nicht gut zeichnen."

„Das macht gar nichts", meint Johann, „Strichmännchen reichen vollkommen aus. Außerdem kannst du unter jedem Bild ja kurz schreiben, was du meinst."

Wir nicken alle. „Ein paar Ideen sollten wir schon für die nächste Woche fertig haben, damit wir sie unserem Reli-Kurs und der 10c von Frau Kremer präsentieren können", sage ich. „Es ist die letzte Woche vor Weihnachten, da werden sowieso alle Projektideen zusammengetragen."

„Wahrscheinlich hunderttausend Ideen, wie man sich den Bauch vollschlagen kann", sagt Laura. „In unserer Klasse will die Mehrzahl ein Projekt ‚Pizza backen', ‚Eis herstellen' oder ‚Cocktails mischen'."

„Nur zwei oder drei haben Interesse, ihre Sportart zu präsentieren", ergänzt Lionel, „Piet will zum Beispiel eine Einradgruppe zusammenstellen und eine kleine Aufführung starten. Das ist mal witzig."

„Bei uns ist es genau das Gleiche", meint Tim. „Als würde der Tag der offenen Tür nur aus Imbissbuden und Fressständen bestehen!"

„Verhungern und verdursten werden wir dann ja schon mal nicht", sagt Pauline.

„Gibt es noch andere Gruppen wie unsere?", fragt Laura und schaut Johann an.

Johann ist Schülersprecher. In der Schülerversammlung wurden eine ganze Menge Ideen besprochen, deshalb weiß er einiges darüber. Er nickt. „Die Klasse von Herrn Behnke wird eine Info-Tafel zur ‚Weißen Rose' gestalten, aber mit dem Schwerpunkt auf der Studenteninitiative. Denn der

Widerstand hat sich ausgeweitet und auch in Hamburg gab es später so eine Gruppe. Einige Schüler aus dem Werte-und-Normen-Kurs von Herrn Frank aus der Siebten wollen noch andere ‚Kämpfer gegen Hitler' thematisieren und eine Art Wand-Zeitung daraus machen. Ausschnitte aus dem Film über Sophie Scholls letzte Tage sollen zu verschiedenen Zeiten laufen, und ein oder zwei Lesungen aus Büchern sollen stattfinden, die diese Zeit und den Widerstand behandeln. Darum kümmern sich auch eher die höheren Jahrgänge. Eine kleine Gruppe aus meiner Klasse, der 10c, wird den Bau der Schule darstellen. Sie sind im Werken-Kurs bei Herrn Mietling und wollen kleine Miniaturen bauen und so die verschiedenen Bauphasen nachstellen."

„Hört sich auch gut an", meint Lionel.

„Aber auf uns liegt die Hauptverantwortung, dass wir das mit unserer berühmten Namensgeberin gut hinkriegen", sage ich. „Also sollten wir nächste Woche ordentlich abliefern."

Ich stehe auf und verteile weiße Blätter und Stifte.

„Wie würde es Frau Wert jetzt ausdrücken? Auf die Plätze, fertig, brainstormen!", sage ich.

„Oder: Auf die Plätze, fertig, ran an die Bouletten!", lacht Pauline.

Die nächste halbe Stunde sind wir damit beschäftigt, zu zeichnen, Fotoeinstellungen auszuprobieren, erste Sprechblasentexte zu schreiben. Dann tragen wir alles zusammen. Da Pauline bislang das einzige Mädchen mit dunklen Haaren in unserem Projekt ist, wird ganz schnell festgelegt, dass sie die Rolle der Sophie übernehmen soll. Johann wird

Hans Scholl sein und Tim Christoph Probst, der ja zusammen mit den beiden Geschwistern am selben Tag verurteilt und hingerichtet wurde.

„Wir würden gern die Fotos machen", sagt Laura und deutet mit dem Finger auf sich und Lionel. „Ich bin eh nicht so fotogen und fühle mich hinter der Kamera wohler. Die anderen Rollen, die noch nötig sind, können dann an Merle und Eileen fallen, wenn sie tatsächlich in unsere Gruppe kommen."

„Oder es melden sich nächste Woche nach unserem Vortrag noch weitere Schüler, die Interesse haben", meint Johann.

„Dann brauchen wir jetzt nur noch einen Freiwilligen, der in beiden Kursen unser Projekt vorstellt", sagt Tim und plötzlich schauen alle mich an.

Okaaay, damit habe ich nicht gerechnet. Ich verspüre eine Mischung aus Freude, Stolz und Muffensausen. Letzteres kann man wohl gerade sehr deutlich auf meinem Gesicht ablesen, denn Johann sagt: „Du kriegst das hin, Lisa, schließlich bist du sonst auch nicht auf den Mund gefallen."

Wo er recht hat, hat er recht. Ich grinse.

„Gebongt", sage ich, „dann gebt mir mal eure Zettel und ich schreibe bis zur nächsten Woche etwas zusammen! Ich schicke euch das vorher per E-Mail, damit ihr schon Bescheid wisst und notfalls noch etwas verändern könnt. Schön wäre ein Probefoto von Pauline als Sophie. Ich würde dich gerne ganz groß zeigen, so schräg von hinten, wie du aus dem Fenster in den Himmel, in die Freiheit, guckst. So ähnlich wie in dem Film, den wir gesehen haben. Dazu könnten wir dann eine Sprechblase oder eine Gedanken-

blase entwerfen. Morgen ist Sonntag … Vielleicht könnten wir das morgen machen, ausdrucken und fertigstellen,
dann hätten wir eine erste Folie zur Veranschaulichung.
Was meint ihr?"

Allgemeine Zustimmung.

„Gut, dann morgen um drei Uhr hier bei uns", sage ich.

\*\*\*

# KAPITEL 6

# IMMER WIEDER LUCA

**MITTWOCH, 11. DEZEMBER 2019:**

Ich fahre durch die regennassen Straßen. Richtig geraten, ich bin auf dem Weg zu Luca. Diesmal trifft sich die Gruppe in der Nähe der Tankstelle. Da gibt es einen freien Bauplatz, wo allerlei Gerümpel und Baumaterialien draufstehen, und wo man unbeobachtet abhängen kann. Das ist etwas außerhalb der Innenstadt, und ich hoffe mal, dass die Jungs diesmal keinen Mist machen. Hier gibt es keine Leute, die sie überfallen und ausrauben können.

Ich komme als Letztes auf den Platz gefahren. Der Boden ist schlammig und vom Regen aufgeweicht. Der Frost letzte Woche war mir lieber. Kalt, aber trocken. Die Jungs stehen im Halbkreis unter einer Art Bretterverschlag, der provisorisch von den Bauleuten errichtet wurde, um hier bei dem Sauwetter Pause machen zu können. Es ist kurz nach 17 Uhr und alle Bauleute sind weg, es ist schon dunkel. Ich sehe die glimmenden Zigaretten in den Händen der Jungs und eine Zigarette — eine selbstgedrehte? — macht die

Runde. Es riecht komisch, sehr süßlich. Mir wird allein von dem Rauchgeruch übel.

Mir kommt ein schlimmer Verdacht. Wenn im Sommer hier vorm Amtsgericht auf dem freien Platz das Reggae Jam gefeiert wird, dann riecht es nach Einbruch der Dunkelheit auch überall so. Da wird gekifft, was das Zeug hält. Instinktiv halte ich Abstand und trete nicht ganz in den Kreis der Jungen ein. Luca bemerkt mein Zögern. Er nimmt den letzten Zug und zerdrückt dann den Joint im Dreck. Dann bückt er sich und pult die Überreste aus dem Schlamm. Ich registriere, dass er neue Schuhe hat: Nike Flyknits 3, das Modell, das er trägt, kostet locker 300 Euro, wenn nicht mehr. Er öffnet eine Streichholzschachtel und lässt den Stummel darin verschwinden.

„Bloß keine Beweise am Tatort zurücklassen", sagt er und lacht rau auf. Die Zigarettenkippen lässt er liegen. Ich weiß nicht, ob er Witze macht oder es ernst meint. Diesmal gelingt es mir nicht so leicht und schnell, meinen bewundernden oder unbekümmerten Blick aufzusetzen. Ich kann nur hoffen, dass es keinem auffällt. Aber wenn ich ein Vorbild sein und eine Veränderung zum Guten bewirken will, wie ich es mir vorgenommen habe, muss ich doch jetzt etwas dagegen sagen, oder?

Lässig stelle ich mich also ein Stück näher an die Jungs heran und sage betont cool: „Ehrlich mal Jungs. Jetzt verraucht ihr auch noch das bisschen Grips, das ihr habt. Echt jetzt? Lasst noch etwas übrig."

Torben und Kevin starren mich an. Auch die beiden aus der Zehnten are not amused: Kai und Marwin. Ich hatte Johann letzte Woche gefragt, wie die beiden heißen. Er hat es mir verraten, aber wie er so ist, gleich gesagt: „Lass lieber deine Finger von denen, Lisa, die sind krass drauf!"

Luca entschärft das Ganze, er zieht mich wieder in seinen rechten Arm, drückt mich und witzelt: „Lisa, unser kleiner Moralapostel. Ich glaube, dir muss erst ein bisschen heißer werden. Mach dich mal locker, dann merkst du schon, wie schlau wir sind. Wer also geht als Erstes?"

Kai hebt seine Hand. „Ich", sagt er und starrt mich dabei die ganze Zeit an, so als müsse er noch abchecken, ob er mir trauen kann. Oder will er mir etwas beweisen? So zugedröhnt wie er aussieht, ist das schlecht zu sagen. Dann schießt es mir durch *meinen* Grips, den ich noch habe. Gehen? Wohin gehen? Was haben die vor?

Kai verlässt den Bretterverschlag und schleicht sich aus schrägem Winkel hinter den Baumaterialien entlang auf die Tankstelle zu. Hinter der Hecke kommt er zum Stehen und duckt sich. Dort stehen drei Autos. Eins wird noch betankt, die anderen beiden stehen verlassen da, wahrscheinlich bezahlen die Eigentümer gerade drinnen. Kai wartet, wir warten. Es hat aufgehört zu regnen.

Zwei Frauen kommen aus dem Gebäude, steigen in ihr Auto und fahren weg. Der Fahrer des dritten Autos, das nun allein dort steht, schüttelt die letzten Tropfen aus dem Zapfhahn in den Tank und hängt den Hahn dann zurück auf die Tanksäule. Dann greift er in seine Jackentasche und zieht eine Karte aus dem Portemonnaie. Die Jacke mit dem Portemonnaie wirft er auf den Beifahrersitz. Spätestens jetzt geht mir ein Licht auf.

Naiv, ich bin so was von naiv. Autos, die offen gelassen werden, während der Fahrer zum Bezahlen geht. Die meisten Leute lassen die Autos auf, wenn sie in die Tankstelle zum Bezahlen gehen. Ist ja nur ein kurzer Weg und auch noch videoüberwacht. Man ist ja schnell zurück, da kann ja nichts passieren. Das ist also die Masche. Jetzt, so kurz vor Weihnachten, sind da oft Geschenke in den Autos, im Kofferraum, auf der Rücksitzbank, oder Handys werden im Handschuhfach gelassen. Handtaschen oder Jacken mit einem Portemonnaie, weil viele einfach nur die Karte zum Bezahlen an der Tanke nehmen, so wie auch gerade dieser Mann.

Und wenn ich mir die Strategie der Jungs so durch den Kopf gehen lasse, dann nehmen sie sicherlich nichts, was einfach so offen auf dem Beifahrersitz herumliegt, auch wenn die Verlockung groß ist. Denn die Besitzer der Fahrzeuge würden ja sofort bemerken, wenn es fehlt.

„Videoüberwacht?", fragt ihr zurecht. Genau, wie sollen denn die Jungs mit dieser Beute davonkommen, wenn doch eine Kamera alles filmt? Nicht, wenn am Abend vorher „unbekannte Rowdys" die Kamera mutwillig zerstört und an der Tankstelle randaliert haben! *Unbekannte Rowdys*, wer's glaubt.

„Hat Spaß gemacht, diese blöde Kamera auszuknocken", lacht Luca. Bevor der Fahrer zurück zu seinem Auto gekommen ist, hat Kai den Kofferraum geöffnet und etwas herausgezogen. Dann applaudieren die Jungs leise. Kai hat es geschafft.

„Nimm nie ganze Taschen", erklärt Luca, „falls doch mal jemand vor dem Losfahren in den Kofferraum schaut, muss alles so aussehen wie vorher. Nimm auch nie das Portmonee, auch wenn es in der Jackentasche ist, denn die meisten Leute stecken ihre Karte sofort wieder hinein. Fehlt es dann, fällt es ihnen sofort auf. Nimm nur die Kohle!"

„Ich nehme an, das sind Erfahrungswerte?", frage ich und fühle eine Übelkeit in mir hochsteigen, die schlimmer ist, als hätte ich noch einmal vom Schnaps probiert.

„Klar, Süße", sagt Luca, „ist ja nicht das erste Mal!" Nicht das erste Mal. Boden, tu dich auf und verschlucke mich. Alle haben mich gewarnt, nur ich habe es nicht sehen wollen. Ich trage immer noch meine rosarote Brille und verharmlose alles. Aber mir wird klar: Luca ist kriminell, Torben und Kevin sind kriminell, Kai und Marwin sind kriminell. Ich bin kriminell! Ich bin kriminell? Ich glaube, es wird Zeit, die Reißleine zu ziehen. Wie komme ich nur raus aus dieser Nummer? Diese Jungs wollen sich nicht ändern, sie wollen eher, dass ich mich ändere. Nee, da mach ich nicht mit. Luca hin, Luca her.

Kai kommt zurück und alle beglückwünschen ihn. „Geil, Alter, man echt", sagt Marwin.

„Guter Anfang", sagt Luca. „Wer will als Nächstes?"

Torben hebt die Hand, doch Kai hält ihn zurück. Er tritt brummend auf mich zu und fragt: „Wie wäre es mit unserer Kleinen, hier?" Herausfordernd schaut er mich an. Bitte, Boden, jetzt! Zustimmendes Gemurmel der anderen. Doch Luca rettet mich.

„Bist du plemplem?", fragt er Kai. „Hat die Kleine hier wohl doch recht und du hast deinen Grips schon verpulvert? Ist das erste Mal, dass sie das überhaupt sieht, und da soll sie gleich losziehen? Das hast nicht einmal du gepackt, Alter!"

Er sagt es ganz ruhig, erhebt nicht einmal die Stimme. Eine fast greifbare Gefahr geht von ihm aus, und ich habe das Bedürfnis zu verschwinden, ganz schnell. Das erste Mal, so scheint es, sehe ich ihn so, wie er ist, so, wie ihn alle sehen. Er ist *gefährlich*, hat Johann gesagt. Kai macht einen Schritt zurück, damit ist das Kräftemessen vorbei.

„Also abgemacht, ich bin dran", sagt Torben und verschwindet in Richtung Hecke. Ich merke, dass mich Kai die ganze Zeit im Blick behält. Er traut mir nicht. Ganz ehrlich, ich traue mir selbst gerade nicht. Ich versuche, mich auf meine Reaktion, auf meine Mimik zu konzentrieren, stelle mich dicht zu Luca, obwohl er mich mittlerweile beinahe anwidert, doch bei ihm bin ich jedenfalls vor allen anderen sicher. Ich applaudiere wie die anderen, als Torben mit seiner Beute zurückkommt, applaudiere, als Marwin zurückkommt und gratuliere Kevin. Luca geht nicht. Er hat es anscheinend nicht nötig, irgendwem irgendetwas zu beweisen. Er ist der Boss, der Anführer. Es wird das gemacht, was er sagt.

Die Jungs haben zwei brandneue Handys ergattert, 200 Euro, einen Milchaufschäumer und eine Spardose in Fußballform, die Marwin einsteckt als „Weihnachtsgeschenk" für seinen kleinen Bruder. Die Beute wird gerecht geteilt. Luca streckt mir zwanzig Euro entgegen, ich bin völlig perplex und schüttle den Kopf.

„Ich habe ja gar nicht richtig mitgemacht", sage ich schnell, „da hat Kai schon recht. Lass mal stecken. Vielleicht das nächste Mal!" Was um Himmels Willen sage ich da? Halt doch einfach deine Klappe, Lisa! Es wird kein nächstes Mal geben, garantiert nicht!

Luca lächelt mich an, steckt die zwanzig Euro aber wieder in seine Tasche. „Dann nimm aber wenigstens den

Milchaufschäumer", sagt er, „ihr Mädchen trinkt doch so'n Zeugs, Café Latte, Cappuccino und so."

Er lässt diesmal keine Widerworte zu. Seine Augen sind dunkel, fast schwarz, und notgedrungen stecke ich den Milchaufschäumer ein. Er liegt wie ein giftiger Brocken schwer in meiner Tasche.

Ich schwinge mich auf mein Fahrrad und rase durch den Regen, der sich mit meinen Tränen vermischt. Ich sehe, dass Luca noch mit Kai spricht. Wieder wird mir speiübel. *Scheiße, Scheiße, Scheiße*, denke ich erneut. Beim nächstbesten Papierkorb halte ich an und stopfte den Milchaufschäumer tief hinein. Dann rase ich weiter.

Wieder rufe ich Pauline an, und diesmal erzähle ich ihr alles.

***

# KAPITEL 7

## LICHT UND SCHATTEN

Es ist die letzte Woche vor den Weihnachtsferien, und heute stelle ich den beiden Kursen von Frau Wert und Frau Kremer unsere Projektidee vor. Ich habe den Infozettel mehrfach ausgedruckt und sorgsam in meinem Rucksack verstaut. Habe mir sogar extra dafür eine Mappe gekauft, damit alles ordentlich und sauber aussieht (und das ist wirklich mal ganz was Neues für mich). Ich habe die ersten Fotos unserer Fotostory dabei, die wir am Wochenende aufgenommen und bearbeitet haben. Und ich habe einen Stick dabei, auf dem die beiden Fotos mit Sprech- und Gedankenblase und Text als PowerPoint-Folie liegen.

Ich bin ziemlich aufgeregt. Obwohl ich sonst eigentlich nie Probleme habe, vor anderen Leuten zu sprechen, habe ich heute merkwürdigerweise ein mulmiges, flaues Gefühl im Bauch.

„Das ist die Verantwortung", sagt Johann. „Es ist das erste Mal, dass du etwas richtig Wichtiges in die Hand genommen hast und jetzt dafür einstehst! Du kriegst das hin, Lisa! Du bist gut vorbereitet! Und du bist meine ,toughe' kleine Schwester!"

In diesen Augenblicken liebe ich meinen Bruder. Er hat ja recht. Wir sind wirklich gut vorbereitet.

———

Letzten Samstag, am 14. Dezember, waren alle da: Tim, Johann, Pauline, Laura und Lionel. Alle hatten zu diesem Tag schon ein Mini-Storyboard entworfen, und selbst Lionels Strichmännchen waren aussagekräftig. Es war gut zu erkennen, was er mit den Bildern aussagen wollte. Wir haben uns dann für zwei Einstellungen entschieden, die deutlich machen sollten, wie unsere Fotostory aufgebaut wird.

Pauline hat sich die Haare wie Sophie Scholl zur Seite gescheitelt und eine grobe Strickjacke angezogen. So sollte sie auf jedem Foto zu sehen und damit immer als Sophie zu erkennen sein. Des Weiteren haben wir uns entschieden, nicht die Zeit von 1943 darzustellen, also mit alten Requisiten oder Klamotten zu arbeiten, sondern das Ganze in unsere Gegenwart zu legen. Wie genau, das mussten wir an diesem Tag noch nicht entscheiden, am Samstag ging es erst einmal nur um die ersten beiden Fotos.

Wir wählten eine Großaufnahme von Paulines Kopf, schräg von hinten. Sie sollte aus dem Fenster schauen in den blauen Himmel, möglichst ernst, aber doch irgendwie zuversichtlich. Laura stellte sich hinter sie und machte das erste Foto mit dem Handy. Blöd war nur, dass der Himmel regengrau war, mal wieder, und nicht strahlend blau, wie wir ihn bräuchten. „Kein Problem", hatte Johann gesagt, „das können wir am PC ändern."

Dann fiel uns auf, dass zu wenig vom Himmel sichtbar war. Laura probierte verschiedene Stellungen und Höhen hinter Pauline aus: Einmal hielt sie das Handy etwas tiefer, dann hockte sie sich hin, dann legte sie sich sogar hinter Pauline auf den Boden. Mal hielt sie das Handy rechts von ihr, mal links von ihr.

Wir waren uns einig, dass die Perspektive von leicht unterhalb der linken Schulter die beste war. So sah man die Schokoladenseite von Pauline, aber auch genug vom Himmel und hatte gleichzeitig das Gefühl, dass man als Betrachter hinter ihr stünde und auch mit hinausschaute.

„Das ist ein krasser Aufwand", sagte Laura, die die übrigen Fotos wieder löschte. „24 Fotos, um das eine richtige zu finden."

„Sei froh, dass es heutzutage digitale Fotografie gibt und jeder Honk mit seinem Handy fotografieren kann", erwiderte Johann, „früher gab es Fotorollen, die in Fotoapparate eingelegt werden mussten, und dann hat es eine Woche gedauert, bis die Fotos entwickelt waren. Da wäre jetzt schon der erste Film voll. Stell dir das mal vor!"

„Lieber nicht", sagte Laura, „dann lieber 1000 Fotos machen und 999 wieder löschen!"

Beim Betrachten des Fotos hatte Pauline eine Idee. „Wir wollen ja eine schöne Erinnerung zeigen oder als Gedankenblase formulieren, oder?", fragte sie. „Wie wäre es, wenn wir ein Foto von mir einfügen, oben in den blauen Himmel, auf dem ich noch ganz klein bin und über eine Wiese laufe? Mama hat das Foto gemacht, als ich sechs Jahre alt war. Ich trage einen roten Rock, eine weiße Bluse und eine rote Strickjacke, glaube ich, wenn ich mich richtig erinnere. Ich lache und laufe einem Schmetterling hinterher. Das war bei unserer Einschulung, Lisa!"

Ich erinnerte mich an Paulines Outfit. Während ich in Hose, Sneakers und Jeansjacke kam, war sie herausgeputzt wie eine Prinzessin. Sag ich ja: durch und durch girly.

Pauline griff nach ihrem Handy und verschickte eine Nachricht. Nach nur fünf Minuten war das Foto da. Es war perfekt. Das lachende Kind läuft über eine sommerliche Wiese, die Sonne scheint, der Schmetterling und die Lebensfreude sind hervorragend zu erkennen, Idylle pur.

Johann arbeitete das Foto am PC nach. Er machte alles noch kontrastreicher, fügte Glanzpunkte hinzu, ein wenig Weichzeichner und setzte es dann in eine Gedankenblase in das Himmelstück unseres eigenen Fotos. Jetzt sah es so aus, als würde sich Pauline (also Sophie) an ihre glücklichen Tage in der Kindheit erinnern.

Das zweite Foto sollte den Gegensatz zeigen. Wir wählten den Fotoausschnitt etwas größer, so dass man auch den Fensterrahmen sehen konnte. Wieder die gleiche Perspektive von links unten hinter Pauline. Diesmal passte thematisch auch der graue, regenschwere Himmel.

Nach zehn Minuten Ausprobieren hatten wir das richtige Foto, mit dem richtigen Gesichtsausdruck: ernst, aber nicht zu traurig, gedankenvoll, aber nicht schwer, einsam, aber doch mit Zuversicht. Pauline hat wirklich ein ausdrucksstarkes Gesicht, das muss man erst einmal schaffen, einfach nur zu gucken und dennoch so viele Gefühle darin zu transportieren.

Johann bearbeitete auch dieses Foto am PC nach. Er legte über das Fenster senkrechte Gitterstäbe und fügte eine leere Gedankenblase ein.

Es sah toll aus, doch zufrieden war ich irgendwie noch nicht. Sophie hat in diesem Moment sicher nicht an Nichts gedacht. Das sagte ich auch.

„Wie wäre es, wenn wir die gleiche Gedankenblase nehmen?", fragte Laura. „Vielleicht erinnert sie sich ja an genau diesen einen glücklichen Moment aus ihrer Kindheit wieder, als sie in Gefangenschaft ist."

Johann legte die gleiche Gedankenblase auch in das zweite Foto. Begeistert war ich immer noch nicht. „Das passt irgendwie nicht", sagte ich, „so stimmt das irgendwie noch nicht. Wir zeigen Sophie bei strahlendem Wetter, blauem Himmel mit einer strahlenden Erinnerung. Dann zeigen wir Sophie hinter Gittern, wie sie sich an die gleiche Situation erinnert."

„Ja, ist doch gut", sagte Lionel, „das soll ja zeigen, dass sie nicht aufgibt und sich an das Gute erinnert!"

„Stimmt schon", sagte ich, „aber das trifft es noch nicht ganz, finde ich. So könnte man meinen, sie ist ganz verzweifelt und wünscht sich nur ihre Kindheit zurück. Aber eigentlich muss sie sich doch an ihre Tage in Freiheit zurückerinnern, als sie noch solche schönen Erinnerungen hatte, oder nicht?"

Fragende Gesichter blickten mich an. „Zu kompliziert?", fragte ich. „Ach, ich weiß auch nicht genau, wie ich das erklären soll. Sophie müsste sich eigentlich an den

Augenblick erinnern, an dem sie die positiven Erinnerungen hatte."

„Ich glaube, ich hab da eine Idee", sagte Johann. Er tüftelte einen Augenblick am PC rum, dann schob er den Laptop so, dass wir alle gucken konnten.

„Perfekt", sagte ich.

Johann hatte das gesamte erste Foto in die Gedankenblase gelegt, nicht nur das alte Foto von Pauline, auf dem sie lachend über die Wiese läuft, sondern auch Sophie, die daran denkt. Jetzt sah es so aus, als würde Sophie sich an die Tage erinnern, in denen sie noch in Freiheit war, aus dem nicht vergitterten Fenster schaute, als ihr Geist noch frei war, an das strahlende Vergangene zu denken.

Darunter hatte Johann einen Text geschrieben: „Mein Geist, der will zurück, aber ich, ich muss weiter."

„Krass", sagten Lionel und Laura.

„Echt stark", kam es von Pauline, und auch Tim nickte anerkennend. Wir waren uns einig, dass wir die ersten Fotos gut ausgesucht hatten. Mir fehlte nur noch etwas mehr „Stimmung".

„Kannst du den Himmel noch etwas dunkler machen?", fragte ich Johann. „Als würde sich schon ein Schatten über sie legen oder nach ihr greifen?"

Johann verdunkelte den Himmel in der oberen linken Ecke. Jetzt sah es extremst so aus, als würde sich da etwas zusammenbrauen. Licht und Schatten, Gut und Böse, Richtig und Falsch. Wir druckten alles aus, die Zettel mit den ersten beiden Fotos und den Infozettel unseres Projektes. Ich legte alles in die Mappe. Dann kopierte Johann die Fotos in die ersten beiden Folien von PowerPoint und speicherte alles auf dem Laptop und dem Stick. Ich schob die Unterlagen in meinen Rucksack. Er hatte schon recht, wir waren gut vorbereitet.

Als der Mittwoch näher rückte und damit mein wöchentlicher Verabredungszeitpunkt mit Luca, versuchte ich fieberhaft, mir eine Ausrede einfallen zu lassen. Mir schoss kurz durch den Kopf, dass ich sagen könne, ich sei krank, mir gehe es nicht gut, sei erkältet. Doch am Donnerstag musste ich ja in der Schule meine Präsentation halten. Das wäre nicht sehr glaubwürdig, wenn ich dann kerngesund wieder vor der Klasse stehen würde.

Die Präsentation! Natürlich! Das konnte ich Luca sagen, das war ja auch nicht gelogen. „Ich muss morgen meine Präsentation halten, Luca, da muss ich noch ein wenig für tun, Pauline kommt heute und hilft mir. Sorry, ich kann heute nicht kommen." Ja, genau so. Ich schickte die SMS weg und wartete mit pochendem Herzen. Nichts.

Sonst antwortete er immer sofort, zumindest in den nächsten fünf Minuten. Den ganzen Tag über Funkstille. Nachmittags kam Pauline vorbei und wir sprachen viel darüber. Was machte die Gang wohl heute? Wen beklauten sie, wen rempelten sie an? Immer wieder versuchten wir, eine Lösung zu finden, wie ich da ganz herauskam aus der Sache. Einfach zu sagen, ich komme nicht mehr, würde nicht funktionieren. Ich wusste schon zu viel. Die würden mich nicht einfach so gehen lassen und mir die Hand schütteln und alles Gute für mein weiteres Leben wünschen. Aber uns fiel nichts Gutes ein, Mist.

Erst ganz spät am Abend pingte mein Telefon. „OK",

stand da. Mehr nicht. Dann nach weiteren zehn Sekunden. „Kai hat bestätigt."

Meine Kehle schnürte sich mir zu. Kai war also der Spitzel, den Luca auf mich angesetzt hatte. Und wie ich Kai einschätzte, war das genau die richtige Aufgabe für ihn. Er schien alle meine Tätigkeiten zu überwachen. Mann, war ich in diesem Moment froh, mir als Ausrede nicht irgendeine Krankheit aus den Fingern gesogen zu haben, da könnt ihr euch sicher sein. Unruhig legte ich mich schlafen und träumte in dieser Nacht von einem Schatten, der seine Finger nach mir ausstreckte. Schrecklich war nur, dass er die Form von Luca hatte.

———

Heute, wie gesagt, ist Donnerstag, und ich habe alle Unterlagen für meine Präsentation in meinem Rucksack. Es gongt und ich gehe mit Pauline zusammen zu unserem Kursraum. Immer wieder schaue ich mich nervös um und halte insgeheim Ausschau nach Kai. Heute früh, als ich mit meinem Fahrrad an der Bushaltestelle vorbeigefahren bin, stand er bei seinen Kumpels aus der Klasse. Ich bin mir nicht sicher, ob er mich gesehen hat.

Ich versuche, die Gedanken an ihn abzuschütteln, und betrete den Kursraum. Frau Wert begrüßt uns. Nach kurzen organisatorischen Dingen und Mitteilungen bin ich endlich dran.

Ich stelle mich vor den Kurs und beginne. Merkwürdig, wie jedes Mal meine Anspannung abfällt, wenn ich erst einmal zu reden begonnen habe. Weg ist die Aufregung, futsch die Nervosität. Ich berichte von unserem Projekt, verteile die Infozettel, dann öffne ich das erste Foto auf dem Stick. Pauline als Sophie Scholl, die aus dem Fenster schaut, in den strahlenden, blauen Himmel. In ihren Gedanken hüpft sie als kleines Kind über eine wundervolle Wiese, ganz unbeschwert und frei.

Dann zeige ich die zweite Folie: Das gleiche Bild, die gleiche Einstellung, doch der Himmel ist dunkel, Gitter vorm Fenster. Auf einen Klick mit dem Pointer erscheint jetzt die Gedankenblase, erst leer, dann noch ein Klick und die Erinnerung von Sophie erscheint. Ein letzter Klick und unter dem Bild steht: „Mein Geist, der will zurück, aber ich, ich muss weiter."

„Das war's", sage ich. „Ich hoffe, meine Präsentation hat euch gefallen."

Im Raum ist es ganz still. Ein Blick in die Runde, dann zu Frau Wert. Ihr Gesichtsausdruck ist schwer zu deuten. Hat sie geweint? Sie steht auf und sagt mit belegter Stimme: „Lisa, das habt ihr großartig gemacht, und ich bin mehr als neugierig auf euer Endergebnis!"

Frau Wert schämt sich nicht, ihre Gefühle zu zeigen, auch bei einem Film, den wir einmal im Unterricht gesehen haben, hat sie geweint.

„Möchte noch jemand aus diesem Kurs bei dem Projekt mitmachen?", fragt sie in die Runde.

Merle und Eileen heben die Hand. „Wir", sagt Merle, „wir haben neulich schon daran gedacht, uns zu melden, als wir den Raum gefegt und Pauline und Lisa Ihnen von ihrem Projekt erzählt haben."

Frau Wert schreibt die Namen auf, dann schickt sie

mich rüber in die 10c von Frau Kremer. Das ist schon eine andere Hausnummer, vor den Zehnern zu sprechen. Aber auch da klappt es gut. Frau Kremer ist ebenso angetan von der Präsentation und freut sich, dass Tim und Johann aus ihrer Klasse dabei sind. Sonst meldet sich keiner, und ich bin ehrlich gesagt auch ganz froh darüber. Wir haben eine kleine, engagierte Truppe, mehr braucht es nicht.

Als ich wieder in meinen eigenen Kurs zurückgehe, sehe ich auf dem Flur ganz hinten Kai. Mir bleibt das Herz stehen. Er kommt gerade aus der Jungentoilette. Er hat mich noch nicht entdeckt, und wenn ich Glück habe, dann schaut er nicht in meine Richtung und biegt nach links ab. Tja, was soll ich sagen – Pech. Die Tür hinter ihm klappt zu und er hebt den Blick. Auch von Weitem sehe ich sein mieses Grinsen, das seinen schmalen Mund umspielt.

Er erkennt mich und kommt auf mich zu. Ein bisschen muss ich an Darth Vader denken, der so unheimlich durch seine Maske atmet und alle anderen Sturmtruppenmitglieder um einen ganzen Kopf überragt. Ich bekomme Gänsehaut. Schnell versuche ich, cool auszusehen, werfe meine Haare zurück und spreche ihn an.

„Na, Kai, wie war es gestern, cool?" Meine Stimme klingt nicht real. Sie hallt wider, ist viel zu laut und irgendwie scheppernd.

„Hättest es selbst erleben können", zischt er leise. Er stinkt nach Zigaretten. „Wir waren alle *ganz* enttäuscht, dass du nicht dabei warst."

„Kann ich mir vorstellen", lache ich, „aber ich hatte noch mit meiner Präsentation zu tun. Hab sie gerade der 10c vorgestellt." Als Beweis wedle ich mit meiner Mappe vor seinen Augen rum. Meine Güte, wie bescheuert. Was mache ich denn da?

„Interessiert mich nicht", sagt Kai. Er ist viel zu nahe an mich herangetreten. Er steht groß und drohend vor mir. Er greift nach meinen Haaren und lässt eine Strähne durch seine Finger gleiten.

„Schönes Haar. Schönes Köpfchen", flüstert er. „Pass gut auf, dass das auch so bleibt."

Alles in mir will zurückweichen, einfach einen Schritt zurücktun. Aber ich bleibe stehen. Zum ersten Mal wird mir am eigenen Leib ganz deutlich, wie viel Mut Sophie Scholl gehabt haben musste. Sie war genauso klein, zart, ängstlich? Doch sie war nicht schwach, ist über sich hinausgewachsen. Und sie hatte, wie wir wissen, ja viel Schlimmeres zu befürchten, als schnöde Drohungen eines nach Zigarettenrauch stinkenden Zehntklässlers. Sie hat Mut im Angesicht des nahen Todes bewiesen. Was hat sie doch immer noch für ein Lieblingszitat gehabt? „Man muss einen harten Geist und ein weiches Herz haben!" Stammte von irgendeinem französischen Philosophen, den Sophie gerne zitierte, von wem genau hab ich vergessen. Man kann sich ja wohl kaum alle Namen merken, die einem bei der Recherche unterkommen.

Das gibt mir in diesem Moment aber die Kraft, die ich brauche. Obgleich es in meinem Bauch rumort, strecke ich meinen Rücken, mache mich groß. Ich sehe Kai direkt in die Augen und sage mit fester Stimme: „Lass meine Haare los und geh mir aus dem Weg! Wenn ich das Luca erzähle, wird er nicht besonders happy sein!"

Einen kleinen Moment scheint Kai zu schwanken. Er ist

hin- und hergerissen: Einerseits will er mir wahrscheinlich seine Macht demonstrieren, andererseits hat er anscheinend tatsächlich Schiss vor den Konsequenzen, die er durch Luca zu erwarten hat.

Endlich lässt er meine Haare los, tritt einen Schritt zurück – *er* tritt einen Schritt zurück, nicht ich, denke ich noch – und sagt: „Lass mal gut sein, Süße. Aber denk dran, ich behalt dich im Auge!"

„Und ich dich!", sage ich und gehe an ihm vorbei. Es kostet mich meine ganze Kraft, langsam zu gehen. Es soll ja nicht aussehen, als würde ich weglaufen. Aus den Augenwinkeln sehe ich, dass Kai hinter einer Tür verschwunden ist. Ich atme hörbar aus und sacke ein wenig in mich zusammen. In meinem Kopf rast es, doch ich komme gar nicht dazu, über meine eigene Lage nachzudenken. Als ich an der Jungentoilette vorbeigehe, aus der Augenblicke vorher Kai getreten war, höre ich ein leises Schluchzen.

*Ist da was passiert? Ein Unfall? Ist jemand krank?* Dann schießt mir die Antwort durch mein Hirn. *Ja, klar ist etwas passiert: Kai ist passiert.* Kurzentschlossen bleibe ich stehen und drücke die Klinke hinunter. Ich öffne die Tür einen Spalt und spähe hinein. Ekelhafter Zigarettenqualm kommt mir entgegen. Wie bei den Mädchentoiletten gibt es einen Vorraum, in dem die Waschbecken sind, und dann eine weitere Tür zu den einzelnen Kabinen. Ich betrete den Vorraum und drücke auch die zweite Tür einen Spalt weit auf. Das Schluchzen ist jetzt eindeutiger zu hören. Es kommt aus einer der letzten Kabinen auf der rechten Seite.

„Hallo?", frage ich zaghaft.

Das Schluchzen verstummt auf der Stelle.

„Wer immer da drin ist", sage ich beschwichtigend, „komm bitte raus. Ich weiß, was los ist."

„Lisa, bist du das?"

Ich erschrecke. Das ist Bennys Stimme.

„Ja", sage ich leise. „Er ist weg, Benny, komm raus!"

„Ich bin nicht allein!", erwidert Benny.

Ich höre eine zweite, viel leisere Stimme, wieder ein Schluchzen, dann das Klicken der Tür. Benny tritt aus der Toilettenkabine heraus, hinter ihm folgt ein zweiter Junge. Ich kenne ihn, das ist Khaled, ein Junge aus Syrien, der in Bennys Klasse geht. Obwohl er noch nicht lange in Deutschland ist, kann er schon sehr gut Deutsch sprechen, doch jetzt bekommt er kein einziges Wort heraus. Seine Haare sind ganz nass und auch sein Pulli.

Benny hat einen Arm um seine bebenden Schultern gelegt.

„Kommt mit, ihr Zwei", sage ich mit fester Stimme und versuche, ihnen dadurch Mut zu machen. „Lasst uns erst einmal aus der Toilette verschwinden und dann erzählt ihr mir, was passiert ist."

Beide Jungen nicken. Obwohl Khaled seinen Kopf gesenkt hält und weiter weint, habe ich das Gefühl, dass er froh ist, dass ich gekommen bin. Wir gehen in die Aula und setzen uns in eine abgelegene Ecke. Ich reiche Khaled ein Taschentuch.

„Kai", sagt Benny nach wenigen Sekunden. „Es war Kai!"

„Was hat er getan?", frage ich. Meine Zunge klebt an meinem Gaumen, so trocken ist mein Mund.

„Erst war ich allein auf der Toilette", sagt Benny leise.

„Ich war im hinteren Teil in einer der Kabinen, als ich vorne die Tür aufgehen hörte. Dann habe ich den Rauch gerochen und wusste, dass das ein Schüler aus den höheren Jahrgängen sein musste, der da heimlich raucht. Ich habe mich ganz still verhalten. Dann ging die Tür noch mal auf …“. Benny holt tief Luft. Dann weint er plötzlich los und greift nach Khaleds Arm.

„Ich hab mich nicht getraut“, sagt er unter Tränen, „es tut mir so leid, ich hab mich einfach nicht getraut.“ Beide Jungen nehmen sich in den Arm.

Ich lasse sie in Ruhe, gebe ihnen Zeit, Frau Wert denkt ja ohnehin, dass ich noch im Geschichtsunterricht von Frau Kremer bin. Aber – oh weh, an einen Punkt habe ich bisher gar nicht gedacht: Was denken die Lehrer von Benny und Khaled?

Vorsichtig berühre ich Benny an der Schulter.

„Es war so schrecklich“, stammelt er, „ich habe Kais Stimme erkannt. ‚Kleiner Pisser‘ hat er gesagt, wie üblich, und ‚Ausländer sind alle Dreckschlampen, ihr müsst gesäubert werden.‘ Und dann ging die zweite Tür zu den Kabinen auf. Khaled hat versucht, sich zu wehren, aber Kai ist einfach zu stark. Er hat Khaleds Kopf in die Kloschüssel gesteckt und gespült. Dann noch ein Tritt und raus war er.“

Genauso wie bei Pauline neulich, als sie gegen Kai vorgehen wollte, schießt mir nun der Zorn in die Adern. Ganz deutlich höre ich nun den Weckruf, der Wendepunkt ist erreicht.

„Damit darf er nicht durchkommen“, sage ich und stehe auf. „Ihr beide geht jetzt in den Unterricht. Wenn ihr euren

Lehrern nicht sagen wollt, was passiert ist, ist das für den Moment okay. Ihr könnt sagen, Khaled ist übel geworden und du, Benny, hast dich um ihn gekümmert. Vielleicht lassen die euch sogar nach Hause gehen. Für Kai überlege ich mir was, und für Torben, Marwin und Kevin auch. Da könnt ihr sicher sein, wir werden gegen sie vorgehen. Keine Angst, ihr beiden, alles wird wieder gut."

Entschlossen stehe ich auf und blicke den beiden Jungen nach, wie sie gemeinsam die Treppe hinaufstiefeln und in ihren Unterricht zurückkehren. Ich habe ihnen heute ein Versprechen gegeben und ich werde es halten, so wahr ich Lisa heiße. Elisabeth Magdalena Sophia Schubert, genauer gesagt.

Ich kehre in den Unterricht zu Frau Wert zurück. Pauline sieht mir sofort an, dass etwas passiert ist. Ich zische ihr zu, dass ich ihr später in der Pause alles erzähle. Jetzt sitze ich da und registriere nur halb, dass auch die anderen Schüler noch ihre Projektideen vorstellen und Frau Wert die Einteilung der Gruppen übernimmt. Als es endlich gongt, ziehe ich Pauline draußen auf dem Schulhof in die Handyzone und erzähle ihr alles. Ihr erster Impuls ist, zu Benny zu laufen, aber ich halte sie davon ab.

„Ihm geht es jetzt erst einmal wieder gut", sage ich. „Viel wichtiger ist, dass wir uns einen Plan überlegen, wie wir dem Ganzen ein Ende setzen und den Typen das Handwerk legen können."

„Meinst du, wir sollten Frau Wert ins Vertrauen ziehen?", fragt Pauline. „Schließlich ist sie die Vertrauenslehrerin an der Schule."

„Erst mal nicht", sage ich, „*wir* müssen kämpfen und gewinnen, nicht die Lehrer für uns. Nur so werden wir diese Maden los. Hoffe ich zumindest."

„Was schwebt dir vor?", fragt Pauline.

Ihre Augen werden groß, als ich ihr von meinem Plan erzähle.

***

# KAPITEL 8

## REGIEANWEISUNGEN UND STORYBOARD

SAMSTAG, 28. DEZEMBER 2019:

Am liebsten hätte ich mich sofort drangesetzt und einen gepfefferten Artikel für die Schülerzeitung verfasst. Dagegen sprechen aber gleich mehrere Punkte, die in Sekundenschnelle durch mein Hirn rasen:

1. bin ich ja nicht allein für die Inhalte der Schülerzeitung verantwortlich, da haben andere Schüler und auch Frau Kremer, die die Schülerzeitung betreut, auch noch ein Wort mitzureden.

2. erscheint die nächste offizielle Ausgabe erst Mitte Januar 2020, nach unserer Jubiläumsfeier. Dann wird es in der Schülerzeitung nur so von Artikeln wimmeln, die sich alle mit den Projekten und dem Tag der offenen Tür beschäftigen, da bin ich mir sicher.

Und 3. haben Pauline und ich einen guten, wirklich guten Plan ausgetüftelt – zumindest rede ich mir ein, dass er gut ist, sonst habe ich wahrscheinlich nie den Mut, das auch so durchzuziehen.

In diesem Moment ist es also nicht der richtige Weg,

einer Schnellschusshandlung nachzugeben, auch wenn es mir in meinen Schreiberfingern nur so juckt. Außerdem sind jetzt sowieso erst einmal Weihnachtsferien. Luca ist bei seinem Vater in Hamburg, wie jedes Jahr zu Weihnachten und Silvester. Ich brauche mir also keine weitere Ausrede einfallen lassen, wieso ich lieber nicht an den Treffen seiner Gang teilhaben möchte.

Auch die anderen Jungs sehe ich nicht. Von Johann weiß ich, dass Marwin irgendwo in Polen Verwandte besucht, und Torben ist mit seiner Familie im Skiurlaub. Er ist von allen derjenige, der noch das normalste Leben führt, irgendwie. Eigentlich ist er gar nicht so schlimm wie die anderen Jungs, er ist immer nur irgendwie dabei. Jedenfalls ist es für mich gut, dass alle weg sind, ich muss also keine Angst haben, wenn ich durch Neudorf fahre, dass sie mir über den Weg laufen.

Die Mitglieder unserer Projektgruppe sind aber in den Ferien alle da, bis auf Eileen. Sie besucht ihre Großeltern in München. Dort liegt bereits Schnee, hier oben im Nordwesten Deutschlands leider nicht.

Heute ist der 28. Dezember, die Bäuche sind mit Weihnachtsbraten, Lebkuchen und Zimtsternen gefüllt, und bis auf Eileen ist unsere Projektgruppe vollzählig angetreten, um weiterzuarbeiten. Wir sitzen unten im Esszimmer an unserem großen langen Tisch und haben alle Skizzen, Notizen, Storyboards vor uns ausgebreitet.

„Bevor wir anfangen …", sage ich und suche Paulines Blick. Sie nickt mir zu und so fahre ich fort: „… möchte ich euch etwas erzählen!" Erst kommen meine Worte noch stockend, weil ich nicht genau weiß, wie ich meine Gefühle zu Luca rechtfertigen soll oder kann, doch dann, als ich bei der Toilettengeschichte angelangt bin, sprudeln sie nur so aus mir heraus.

„... und der Verdacht, den schon viele von euch hatten, dass Luca dahintersteckt und die anderen Jungen, vor allem Torben und Kevin aus der Neunten und Kai und Marwin aus der Zehnten, seine Handlanger sind, stimmt."

Ich sehe in erstaunte Gesichter, als ich mit meinen Erklärungen ende. „Ich kann euch nicht genau sagen, was die alles in ihrer Freizeit so treiben", setze ich noch hinzu und muss an die Überfälle der älteren Dame und der Autos an der Tankstelle denken, „aber glaubt mir, wir müssen das wenigstens an unserer Schule irgendwie stoppen. Paulines Bruder wird erpresst, und er ist sicherlich nicht der Einzige, Flüchtlingskinder werden beschimpft und ihr Kopf in der Toilette gespült, sie werden geschubst, bedroht und ausgenommen. Wir müssen etwas dagegen tun."

„Warum wir?", fragt Lionel. „Das leuchtet mir nicht ein. Die sind ganz schön gefährlich, wenn es stimmt, was du sagst, Lisa. Warum müssen wir also etwas gegen sie tun? Könnt ihr nicht einfach den Lehrern sagen, was da abgeht?"

*Stimmt schon*, geht es mir durch den Kopf, *es ist irgendwie mein persönlicher Kampf gegen diese Typen, Lionel hat recht.* Er hat ja keinen eigenen Anlass, gegen die vorzugehen und sich auch noch ins Kreuzfeuer zu begeben.

Doch Pauline kommt mir zu Hilfe. „Es geht uns *alle* etwas an", sagt sie, „weil es *unsere* Schule ist. Ich sage das nicht nur, weil Benny mein Bruder ist. Wir haben uns für ein Projekt gemeldet, das sich mit Sophie Scholl beschäftigt. Mit einer Frau, die nicht gegen das Unrecht geschwiegen hat, obwohl sie mit der Todesstrafe rechnen musste. Wenn wir etwas aus der Geschichte lernen können, dann, dass es sich lohnt, für seine Überzeugungen einzustehen. Wenigstens sind wir dadurch nicht gleich in Lebensgefahr …" Sie lacht auf. „… aber ich finde schon, dass auch wir Mut zeigen und irgendwie Vorbilder sein sollten."

„Judith ist eine Freundin von mir", sagt Merle, „sie hat auch erzählt, dass ihr Cousin bedroht und erpresst worden ist. Die Kleinen trauen sich nicht, etwas zu sagen, weder zu Hause noch in der Schule. Eltern und Lehrer können ja nicht jederzeit auf sie aufpassen. Also halten sie lieber die Klappe. Ich glaube, dass die Lehrer gar nicht Bescheid wissen, was da hinter verschlossenen Türen oder in den dunklen Ecken des Schulhofes abgeht."

„Der Terror geht ja außerhalb der Schule weiter", sagt Tim. „Habt ihr nicht von der Frau gelesen, die vor dem Gebäckladen überfallen wurde? Ich wette zehn zu eins, dass das auch Lucas Leute waren!"

Ich werde puterrot. Jetzt ist es so weit, jetzt heißt es dafür geradestehen, was ich verbockt habe. Ich sehe meinem Bruder direkt in die Augen und halte seinem Blick stand, während ich erzähle. Was ich in Johanns Gesicht lese, während er hören muss, dass ich dabei gewesen bin? Dass ich weggelaufen bin? Er blickt mich die ganze Zeit ganz ernst an, erstaunt, aber nicht vorwurfsvoll, und das gibt mir Mut, auch die Sache mit der Tankstelle zu erzählen, die damit endete, dass ich den Milchaufschäumer in den Papierkorb gestopft und Pauline unter Tränen angerufen habe.

Alle Blicke sind auf mich gerichtet. Jetzt umfasst Johann meine Schultern und zieht mich an sich. Er sagt gar nichts, muss er auch nicht, es ist einfach nur eine Geste, die sagt: „Ich bin bei dir, stehe zu dir."

„Wir müssen also etwas tun", sagt er leise, „damit das aufhört." Alle nicken.

Lionel ist noch nicht ganz überzeugt. „Aber wie sollen wir das anstellen?", fragt er. „Wir können ja schlecht hingehen, mit den Fingern auf die Jungs zeigen und behaupten, dass sie andere erpressen oder beschimpfen. Da steht ja Aussage gegen Aussage, vor allem, wenn sich die Kleinen dann nicht trauen, den Mund aufzumachen. Und Lisa hat sich das ja schließlich auch nicht getraut."

„Aber ich traue es mich jetzt", werfe ich ein.

Doch Lionel fährt fort: „Ehrlich gesagt, dem Kai wollt ich auch nicht allein begegnen, der ist echt brutal. Vor dem hab ich Angst, echt." Lionels Blick heftet sich auf die Tischplatte. Es ist nie leicht zuzugeben, dass man Schwächen hat, wenn es doch darum geht, Stärke zu zeigen. Ich kenne das Gefühl nur allzu gut. Ich kann ihn genau verstehen in diesem Moment.

„Wenn *wir* schon Angst haben", sagt Johann, „dann macht euch erst mal klar, wie es den Kleinen geht. Die haben ja Kai auch körperlich rein gar nichts entgegenzusetzen."

„Wir sind eine Gruppe", sagt Pauline. „Wenn wir zusammen dafür einstehen, was wir tun, dann sind auch wir stark! Überlegt doch mal, Sophie Scholl war allein sicherlich auch machtlos, aber gemeinsam haben die echt was auf die Beine gestellt, haben eine Widerstandsgruppe gegründet …"

„Die ‚Weiße Rose‘ …", wirft Tim ein.

„Ja, genau", sagt Pauline, „vielleicht können wir als Gruppe auch mehr bewirken!"

„Das setzt voraus, dass die Typen uns nie allein antreffen", wirft Lionel ein, immer noch mit gesenktem Blick.

„Ich passe schon auf dich auf", sagt Laura und ergreift seine Hand.

„Weiß nicht", sagt er leise, „ich glaub, das ist nichts für mich."

„Hier wird keiner überredet", sage ich, „aber Pauline und ich haben einen Plan. Vielleicht hörst du ihn dir erst einmal an und entscheidest dich dann, ob du dabei bist?"

Lionel hebt den Blick und sieht mir direkt in die Augen.

„Okay", sagt er schließlich, „will ja kein Spielverderber sein."

Ich lächle ihm zu und ziehe mein eigenes Storyboard aus meinem Rucksack. Es ist kein Storyboard für die Power-Point-Präsentation der Schule, sondern eher eine Regieanweisung für ein eigenes kleines „Theaterstück". Ich lege es in die Mitte des Tisches. Alle schauen es sich der Reihe nach aufmerksam an. Am Ende nimmt Lionel es in die Hände und betrachtet es lange.

„Das könnte funktionieren", sagt er schließlich. „Also gut, ich bin dabei!" Alle atmen erleichtert aus und lehnen sich entspannt zurück. Es ist ein tolles Gefühl, wenn man gemeinsam etwas vorhat, das nicht leicht ist, und alle, wirklich alle mitziehen.

„Wie gehen wir jetzt an die Sache ran?", fragt Merle.

„Ich schlage vor, dass wir unsere eigentliche Präsentation, die Fotos und die Folie fertigstellen", sage ich. „Und alles andere kommt danach!"

„Das heißt wir machen zwei Storys? Versteh ich das richtig?", will Laura wissen. „Eine offizielle Fotostory über Sophie Scholl, die am Tag der offenen Tür gezeigt wird, und eine abgeänderte für die Generalprobe, um diese Deppen zu überführen?"

„Jepp!"

Kopfgenicke – zustimmendes Gemurmel von allen Seiten.

„Also gut, starten wir den Auswahlprozess!", sagt Johann und kramt in den Storyboards. „Lassen wir das Spiel beginnen, um mit Sherlock Holmes zu sprechen. Ich finde, wir beginnen mit diesem Motiv für unsere offizielle Fotostory!"

Mit Eifer sind nun alle bei der Sache, und es dauert nur eine Stunde, dann haben wir die grobe Motivauswahl für unsere Folien beisammen.

„Wir müssen jetzt nur noch überlegen, wie wir die Bedrohung, das Böse darstellen", meint Tim. „Wir können ja schlecht Hitler abbilden oder mit Hakenkreuzen arbeiten."

„Ich finde die Idee mit dem Schatten nicht schlecht", sagt Laura. „So, wie wir das auch auf den Folien für Lisas Präsentation in den Kursen gemacht haben. Wir könnten den Schatten als Bedrohung nehmen, vielleicht sogar auf dem ersten Bild damit beginnen, mit einer Dunkelheit, die die ganze Folie einnimmt."

„Und dann Sophie als das Gegenteil darstellen, heller, irgendwie mit einem Lichtschimmer. Der wird dann zum Ende hin immer heller und sie immer ein bisschen kleiner. Sozusagen ihr inneres Strahlen und Licht, ihre innere Stärke, die nach außen scheint, für andere!", ergänzt Lionel.

„Ich wusste gar nicht, dass du so poetisch sein kannst", sagt Laura und lächelt Lionel an.

„Das heißt, wir starten mit einer ganz dunklen Folie?", fragt Tim.

Alle überlegen.

„Nee, der Anfang müsste irgendwie normal sein, idyllisch", sage ich, „erst dann darf der Schatten kommen."

„Wie wäre es, wenn wir mit dem Foto von Paulines Einschulung beginnen?", schlägt Johann vor. „Also nicht als ‚Erinnerung', sondern so, als würde da noch alles gut sein. Das Kind Sophie Scholl läuft über eine schöne Sommerwiese. Alles ist noch gut. Das war es am Anfang für Sophie ja auch. Erinnert euch, sie war anfangs doch sogar in ihrer Jugend im ‚Bund Deutscher Mädel', der ja auch von den Nationalsozialisten geleitet und kontrolliert wurde. Erst später in ihrer Ausbildung und als Studentin hat sie erkannt, dass das alles falsch ist und den Schatten als Bedrohung erkannt."

„Abgemacht", sagt Tim, „dann nehmen wir das als erste Folie. Aber wir sollten einen klitzekleinen Schatten einfügen, oder? Denn der Schatten war ja von Anfang an da, er wurde nur nachher größer."

Alle nicken.

Johann greift nach einem Block und schreibt auf:

Foto 1: Motiv: Paulines Einschulungsfoto – Sophie als Kind noch glücklich – nur kleiner Schatten

„Wie geht es weiter?", fragt er.

„Eigentlich müsste dann der Moment dargestellt werden, als sie sieht, dass doch nicht alles gut ist. Verwundete, hungrige Menschen usw.", meint Johann, „und parallel dazu Hans, der das Gleiche an der Front erlebt? Der dort zu dem Schluss kommt, dass der Krieg bereits verloren ist, und, wie er später sagt, ‚nur noch verlängert, aber nicht mehr gewonnen werden kann'?"

„Gute Idee!"

Johann schreibt auf:

Foto 2: Motiv: Sophie schaut auf verletzte Menschen –
Schatten wächst

Foto 3: Motiv: Hans schaut auf verletzte Menschen –
Schatten wächst

„Dann müsste ein Foto kommen", meint Merle, „auf
dem zu erkennen ist, dass sie den Schatten bewusst erkennt.
Also in ihm die tatsächliche Bedrohung wahrnimmt."

Johann schreibt auf:

Foto 4: Motiv: Sophie schaut direkt in den Schatten –
Schatten groß

Ich bin richtig stolz auf meine Gruppe. Jeder macht mit,
denkt mit, bringt sich ein. Am Ende haben wir 15 Motive
für die Präsentation und Johann hält alles digital auf seinem
Laptop fest.

# Regieanweisung und Storyboard (Rohfassung):
Präsentation Sophie Scholl

| Nr. | Foto/Motiv | Einstellung | Schatten | Requisiten |
|---|---|---|---|---|
| 1 | Sophie als Kind | Weit: das ganze Bild, Sophie klein | Klein | keine |
| 2 | Sophie schaut auf verletzte Menschen | S. im Vordergrund groß (halbnah), evtl. Vogelperspektive, Menschen unter ihr kleiner (verletzlich) | Etwas größer | Bandagen, Kunstblut, rote Farbe, … Strickjacke, Scheitel |
| 3 | Hans schaut auf verletzte Menschen | H. im Vordergrund groß (halbnah), evtl. Vogelperspektive, Menschen unter ihm kleiner (verletzlich) | Etwas größer | Bandagen, Kunstblut, rote Farbe, … |
| 4 | Sophie schaut direkt in den Schatten | Oberkörper und Gesicht (nah) | Groß bedrohlich | Strickjacke, Scheitel |
| 5 | Schreibmaschine mit Zettel | Groß | Schwebt darüber oder rahmt ein? | Alte Schreibmaschine (Merle), Zettel |
| 6 | Zettel | Detail, so groß, dass man Schrift lesen kann | Kein Schatten? | Zettel vorbereiten mit Originalzitaten |
| 7 | Sophie, Hans mit Koffer oder Rucksack | Halbtotale, ganz zu sehen — auf der Straße | Schatten hinter ihnen | Koffer oder Rucksack Strickjacke, Scheitel Hans: Anzug von Papa? |

| 8 | Zettelstapel vor einer Tür | Groß | Schatten fällt von oben drauf? | Zettelstapel |
|---|---|---|---|---|
| 9 | Zettel fliegen durch die Luft | Froschperspektive | Schatten wird verdrängt? | Zettelstapel |
| 10 | Sophie und Hans werden abgeführt | Halbtotale, dritte Person hinter ihnen (Hausmeister?) | Schatten hinter ihnen | Handschellen (Lionel Spielzeug) Kittel für Hausmeister (Lionel) |
| 11 | Verhör | Nah (Kamera hinter Sophie mit Blick auf Verhörführer (Tim) | Schatten hinter Tim | Schreibtisch mit Utensilien Strickjacke, Scheitel |
| 12 | Sophies Blick aus dem Fenster 1 | Groß | Kein Schatten? Oder klein? | Strickjacke, Scheitel |
| 13 | Sophies Blick aus dem Gitterfenster | Groß | Großer Schatten | Strickjacke, Scheitel |
| 14 | Guillotine | Halbtotale | Großer Schatten | Foto einer Guillotine |
| 15 | Foto Sophie und Hans Scholl | Nah/groß | Kein Schatten sondern Licht | Foto von Sophie und Hans Scholl (das mit der Margerite?) |

**Weitere Arbeitsaufgaben:**

1. Suchen: Zitate oder Aussagen, um sie zu verwenden
2. Sprechblasen gestalten
3. Gedankenblasen gestalten
4. Texte zu den Fotos entwerfen

Johann hat alles noch einmal vorgelesen und alle sehen sehr zufrieden aus.

„Ich finde, wir sind heute richtig weit gekommen", sage ich anerkennend. „Ich bin stolz auf euch. Wir haben uns eine kleine Stärkung verdient."

Ich gehe in die Küche und suche nach den Keksen. Hinter mir höre ich noch jemanden die Küche betreten. Ich drehe mich halb um. Johann tritt auf mich zu, hält mich mit beiden Händen an den Oberarmen fest und dreht mich direkt zu sich: „Und ich bin stolz auf dich, Lisa!", sagt er. Dann umarmt er mich. Es tut doch gut, einen großen Bruder zu haben, ehrlich mal, besonders in solchen Momenten.

\*\*\*

# KAPITEL 9

## DIE LETZTEN VORBEREITUNGEN

**MITTWOCH, 8. JANUAR 2020:**

Die Ferien sind vorbei und unsere Vorbereitungen für die Projekttage und den Tag der offenen Tür laufen auf Hochtouren. Unsere Gruppe hat sich noch einmal in den Ferien getroffen, am 6. Januar, denn da hatten wir alle ja noch frei. 6. Januar 2020, das muss man sich mal auf der Zunge zergehen lassen. Zwanzig-zwanzig spricht sich irgendwie gut. In diesem Jahr werde ich 14 Jahre alt, aber erst im Februar, falls ihr euch das gemerkt habt. Aber ich denke zurzeit gar nicht so viel an meinen Geburtstag, sondern an unsere kleine Aufführung am Tag der offenen Tür, das heißt, eigentlich ja vorher, am Tag der Generalprobe. Die ganze Zeit denke ich daran. Schließlich haben wir ja nicht nur vor, das Leben der Sophie Scholl und ihren Kampf gegen „das Böse" zu präsentieren, sondern auch parallel dazu gegen unser ganz eigenes „Böses" an der Schule vorzugehen.

Wir haben schon einige der Requisiten zusammengesucht, nach Zitaten von Hans und Sophie Scholl recherchiert und erste Texte für die Fotos entworfen. Alles weitere wollen wir dann in den Projekttagen bearbeiten: Fotos machen, ausdrucken, nachbearbeiten, in die Folien einfügen, Texte dazu …

Von Luca habe ich in den Ferien kaum etwas gehört. Er war, wie gesagt, in Hamburg bei seinem Vater. Nur zwischendurch mal: „Na, Süße, wie geht es dir?", oder „Musst nicht traurig sein, bin bald zurück." Pff, als wenn ich darüber traurig wäre, eher erleichtert. Gut, es hat mal eine Zeit gegeben, da hätte ich wahrscheinlich wirklich schmachtend im Zimmer gesessen und es kaum erwarten können, dass Luca wieder da ist, so wie noch im letzten Jahr. Das ist noch gar nicht so lange her, das weiß ich noch genau. Aber in diesem Jahr, mein Freundchen, sieht das Ganze anders aus, da kannst du drauf wetten.

Gestern Abend dann die erste ausführlichere Nachricht von ihm, dass die Jungs sich heute wieder treffen. Stimmt, heute ist Mittwoch. Das ist der schwierigste Teil an unserem Plan. Ich muss zum Treffen gehen, zumindest einmal noch, damit sie mir vertrauen. Das gehört eben zum Plan dazu. In der nächsten Woche starten dann die Projekttage, da habe ich eine Ausrede, warum ich nicht am Treffen dabei sein kann. Da bin ich die ganze Zeit über in meinem Projekt eingespannt und die anderen Schüler auch. Torben, Kevin, Kai und Marwin müssen ja auch in einem der Projekte stecken, die werden auch nicht viel Zeit haben.

Für Mittwochnachmittag nächste Woche ist die Generalprobe angesetzt. Bis dahin müssen wir mit unserer Präsentation fertig sein. Auch das gehört zu unserem Plan. Ich kann nur hoffen, dass alles glatt läuft und nichts schiefgeht – dass der Plan aufgeht, oh Mann.

Gestern Abend habe ich noch einmal mit Pauline telefoniert. Sie hat mir Mut gemacht.

„Ist ja nur noch morgen", hat sie gesagt, „das kriegst du hin. Und wenn dann alles prima läuft, dann bist du Luca ein für alle Mal los."

„Scheiße", habe ich gesagt, „irgendwie tut er mir doch leid!"

„Auf gar keinen Fall fängst du jetzt so an", hat Pauline sich aufgeregt, und ich habe fast durchs Telefon gespürt, wie sie sich streckte und sich aufrechter hinsetzte. „Das ist alles richtig so, wie wir das geplant haben. Jetzt müssen wir das nur noch durchziehen."

Klar, sie hat ja recht, und doch …

„Denk an die Frau vor dem Gebäckladen und an all die Menschen, die vor Weihnachten von den Jungs beklaut worden sind!"

Paulines Argumente waren einfach entwaffnend. Ich habe also versucht, mich für heute zu wappnen. Schließlich muss ich den Köder auslegen. Ich kann nur hoffen, dass ich überzeugend bin. Mit Pauline zusammen habe ich mir gestern noch die Worte zurechtgelegt, die ich heute wie beiläufig fallenlassen werde. Dann habe ich ihr eine gute Nacht gewünscht und aufgelegt.

Danach hab ich letzte Nacht dann wieder schlecht geträumt. Wieder war da der Schatten, der Sophie Scholl bedroht, wieder griff er nach mir – und wieder sah er aus wie Luca.

Diesmal bin ich die Erste, die am Treffpunkt ankommt. So war es geplant, dann ist die Chance am größten, Luca einige Minuten allein zu sprechen. Ich habe mein Fahrrad neben der Postenbörse angeschlossen und betrachte von außen die Waren im Schaufenster. Es ist echt verrückt. Weihnachten ist gerade einmal zwei Wochen her, das neue Jahr nur wenige Tage alt, und schon gibt es die ersten Plüsch- oder Keramikhasen im Schaufenster. Daneben hocken weißrosa Einhörner mit goldenen oder silbernen Hörnern. Kitschig. Aber irgendwie auch süß.

Ich muss nicht lange warten. Ein Höllenlärm hinter mir lässt mich herumfahren. Da kommt ein Junge mit schwarzem Helm auf einer schwarz-roten 125er auf den Parkplatz geknattert. Ich erkenne ihn sofort. Luca.

Im letzten Jahr hat ihm immer das Geld für den Führerschein und eine eigene „Kiste", wie er es nennt, gefehlt. Jetzt hat er anscheinend beides. Wieder trägt er neue Schuhe, eine nigelnagelneue Jacke und einen Rucksack von Snipes auf dem Rücken. Ich frage lieber gar nicht erst nach, wie er sich das alles leisten kann. Ich weiß es ja.

Einen kurzen Moment habe ich das starke Bedürfnis, eine Fliege zu machen, Reißaus zu nehmen, den Schwanz einzuziehen, oder was euch sonst noch für „abhauen" einfällt. Zu spät.

Luca hebt seine Hand zum Gruß, mehr als lässig. Er hat mich gesehen, steigt ab, ruckt die Maschine zurecht und kommt auf mich zu. Also gut, Lisa, es geht los. Du wirst das Kind schon schaukeln. Meine Güte, woher kommen jetzt nur die ganzen Redewendungen. Schon merkwürdig, wie ein Gehirn funktioniert, wenn der Körper nervös ist.

Ich nehme Luca die Begrüßung vorweg, nicht, dass er auf die glorreiche Idee kommt, mich zu küssen. Ich springe auf ihn zu und umarme ihn. Halte ihn ganz fest, um ihm keine Gelegenheit zu geben, es zu versuchen. Aber wie es aussieht, hat er gar nicht die Absicht. Irgendwie wundert mich das insgeheim ein bisschen, aber mir soll es recht sein. Er grinst schief und sagt: „Na, Süße, alles klar?"

Ich strahle ihn an und fange an zu plappern, erzähle alles Mögliche, von Weihnachten, von der Projektgruppe, lasse das ein oder andere Mal wie beiläufig fallen, dass ja bald die Generalprobe ist, dass wir nicht genau wissen, wo die Schüler, die mitmachen und die zugucken ihre Taschen und Rucksäcke lassen sollen, und so weiter und so fort.

Torben und Kevin kommen, ich werde unterbrochen. Nur zwei Minuten später tauchen Kai und Marwin auf. Alle vier stecken Luca Briefumschläge zu, die er in der Innenseite seiner Jacke verschwinden lässt. Scheint sein Anteil zu sein, denke ich, das Geld der Erpressungen in der Schule und wo sonst noch. Dann reißt Kai die Aufmerksamkeit an sich. Er erzählt von seinen Taten, brüstet sich mit seiner Kaltschnäuzigkeit. Als er bei seiner Erzählung mit Khaled ankommt und genüsslich in allen Einzelheiten von seiner triumphalen Tat berichtet, lässt er mich keinen Augenblick aus den Augen. Wieder werde ich das Gefühl nicht los, dass er mich kontrollieren will. Psychopath. Er zündet sich eine Zigarette an und wedelt zufrieden damit in der Luft herum. Er erzählt außerdem von zwei Rucksäcken, die er als Druckmittel zerschnitten hat, von gestohlenen Busfahrkarten, um Terror auszuüben und sogar von einem demolierten Fahrrad – Reifen zerschlitzt, Sattel dazu, Licht zerdeppert und Klingel geklaut.

Ich versuche, dazwischen zu kommen, versuche, meinen Köder jetzt noch einmal für alle auszulegen, ohne dass auffällt, dass es ein Köder ist. Endlich ist Kai fertig. Ich sehe meine Chance als gekommen, schlage den Bogen noch einmal zur Schulveranstaltung, erwähne noch einmal Schülerrucksäcke, die unbeaufsichtigt im alten Musikraum aufbewahrt werden, während vorne in der Aula die Generalprobe läuft. „… ist ja fast wie bei der Tankstelle …", sage ich und hoffe, dass das nicht der zu auffällige und sprichwörtliche Holzhammer war. Schon wieder eine Redewendung. Ich habe irgendwie das Gefühl, dass mir keiner so richtig zuhört.

Und dann werde ich auch noch unterbrochen. Erneut ein Höllenlärm und ein Geknatter. Eine Vespa rollt auf den Parkplatz. Lange, dunkle Haare wehen im Wind, schlanke Beine in Lederhose und Winterstiefeln. Eindeutig ein Mädchen. Auch sie ruckt ihre Maschine zurecht, nimmt den Helm ab und wirft ihre lange Mähne nach hinten. Wie in einer Haarspray- oder Shampoowerbung. Was für ein Auftritt. Ich verstumme. Sie schaut sich suchend um.

Luca neben mir grinst breit und ruft ihr zu: „Hey, Karen, hier rüber."

Es versetzt mir einen Stich. Keine Ahnung wieso, absolut nicht, trotzdem ist es so. Karen ist groß, schlank und auf jeden Fall älter. Sie muss schon 16 oder 17 sein. Mann, und ich bin stolz, dass ich 14 werde.

Im Näherkommen registriere ich jedoch, dass sie Pickel hat und absolut gar nicht hübsch ist. Ihre Haut ist grau und irgendwie verhärmt. Ich sehe viel besser aus, das weiß Luca auch. Sofort verwerfe ich diese Gedanken, ich will ja sowieso weg von Luca und will ihm ja eigentlich nicht mehr gefallen. Gar nicht so einfach, sich daran zu halten.

„Karen ist zu Besuch aus Hamburg hier", sagt Luca. Boah, die Tussi geht wie selbstverständlich auf Luca zu und küsst ihn. Ich komme mir so dumm vor, so unendlich bescheuert, dass ich jemals romantische Gefühle für Luca gehabt habe. Ich war ein Idiot, er ist ein Idiot, das alles sind Idioten.

„Das sind die Jungs", sagt Luca. Alle scheinen Karen zu kennen, zumindest von Lucas Erzählungen oder von Fotos vom Handy. Sie nickt allen zu. Dann fällt ihr Blick auf mich und sie zieht eine Augenbraue hoch.

„Seit wann spielt ihr den Babysitter?", fragt sie verächtlich. Auch ihre Stimme klingt hässlich. Das einzig Tolle an ihr sind ihre Haare.

„Das ist Lisa", erklärt Luca, „unser Nesthäkchen. Sie ist voll okay, will auch mitmachen und kann uns sicher in die besseren Kreise einführen!" Er zieht Karen an sich, wie neulich vor Weihnachten noch mich.

Habe ich schon gesagt, wie dumm ich war? Erst jetzt wird mir bewusst, *wie* dumm eigentlich. Tunnelblick, aber so was von. Während ich für Luca geschwärmt habe, ihn wirklich geliebt habe, hat er niemals ein romantisches Gefühl für mich gehabt. Er hat es nur auf meine „Kontakte" abgesehen, wo es seiner Meinung nach wahrscheinlich viel zu holen gibt.

Mir ist kotzübel, das könnt ihr mir glauben.

„Sag doch noch mal, Lisa", sagt Luca plötzlich unvermit-

telt. „Was hast du da eben erzählt von der Generalprobe?"
Er hat also doch zugehört. Also gut, jetzt ist meine Stunde gekommen. Innerlich kremple ich mir die Ärmel hoch und beginne aufs Neue. Beim Erzählen behalte ich diesmal Kai im Blick, ich sehe, wie er nickt und zustimmend etwas murmelt.

„Das könnte funktionieren", sagt er. „Der Raum wird aber ja wohl abgeschlossen sein. Wie sollen wir da reinkommen?"

„Wie gut, dass Johann der Projektleiter ist", sage ich, „easypeasy als kleine Schwester, von ihm den Schlüssel zu bekommen. Keine Angst, ich denke mir da schon einen guten Vorwand aus."

„Doch nicht so übel, das Küken", schnarrt Karen. „Schade, dass ich nächste Woche nicht mehr da bin, aber du kannst mir dann ja berichten, Baby." Sie dreht sich direkt zu mir. „Schaut mal, sie wird ganz rot vor Stolz", setzt sie hinzu.

*Ich geb dir gleich was, rot vor Stolz, das ist Wut, du Tussi. Aber warte es mal ab, dir werden deine Federn schon auch noch gerupft. Wenn ich das Küken bin, dann bist du die Gans.*

\*\*\*

# KAPITEL 10

# DIE WEISSE ROSE BLÜHT WIEDER

DONNERSTAG, 9. JANUAR 2020:

Lisa, komm schnell", höre ich Pauline rechts von mir rufen.

Es ist halb acht und wir haben noch eine Viertelstunde Zeit bis zum Unterrichtsbeginn. Ich folge ihrem Ruf und laufe rechts in den Korridor, der von der Aula zu den Werk- und Kunsträumen führt. Ich komme an der Jungentoilette vorbei, wo Kai Khaled unter Wasser gesetzt hat, und halte auf das Büro des Hausmeisters zu. Dort befindet sich eine Nische, in der morgens oft einige der jüngeren Schüler sitzen und darauf warten, dass sie zum offenen Beginn nach oben in ihre Klassenräume dürfen. Eigentlich eine tolle Sache, der offene Anfang: Die Lehrer schließen halb acht die Klassenräume auf und führen bis zum Stundenbeginn Aufsicht. Das schützt gerade die jüngeren Schüler mehr vor Übergriffen der Großen, weil sie aus dem Pausenbereich nach oben in ihre Klassenräume dürfen. Der offene Anfang kann aber auch dazu dienen, mit den anderen zu quatschen, sich übers Wochenende auszutauschen oder seinen

Tisch vorzubereiten, Zettel abzugeben, Unterschriften zu zeigen und vieles mehr.

Leider gibt es aber einen Bus, der bereits um 7:20 Uhr an der Schule ankommt. Die Schüler, die damit kommen, müssen dann noch zehn Minuten unten warten. Ein gefundenes Fressen für solche wie Kai.

Wie wir in den letzten Tagen herausgefunden haben, insbesondere durch die Berichte von Benny und Björn, haben es sich Kai und Marwin zur Gewohnheit werden lassen, die jüngeren Schüler genau an diesem Ort, in der Nische vor dem Hausmeisterbüro, einzuschüchtern und auszunehmen. Unser Hausmeister ist zwar schon ab 7 Uhr früh in der Schule, aber eben leider nicht in seinem Büro. Dort ist er nur zu den Stoßzeiten in der ersten großen Pause. Dumm gelaufen also für alle Kleinen und eine super Gelegenheit für Kai und Marwin, diesen Verbrechern.

Ich biege um die Ecke und höre beim Näherkommen ein Mädchen weinen. Paulines besänftigende und tröstende Worte dazu. Auf der Bank sitzt Marissa, ein Mädchen aus der sechsten Klasse. Vor ihr auf dem Boden liegen zerrissene Hefte, zerknickte Mappen und die Stifte aus ihrer Federmappe. Ihr ganzer Körper bebt. Aber immer wieder wischt sie sich die Tränen mit einer abrupten Handbewegung aus dem Gesicht. Es sieht so aus, als ärgere sie sich über sich selbst. Sie umklammert mit der rechten Hand eine Uhr.

Und dann höre ich ihre raue Stimme: „Dieser blöde Freak", sagt sie, „ich habe ihm mein Geld nicht gegeben und meine Uhr hat er auch nicht bekommen. Björn hat gleich bezahlt und Mark hat versucht wegzulaufen. Doch sie waren zu zweit heute. Aber ich habe denen mein Geld nicht freiwillig gegeben …" Der schmale Rücken bebt, Marissa spricht voller Zorn weiter. „Und meine Uhr ist jetzt kaputt. Ich hab sie von meiner Oma zum Geburtstag bekommen! Wenn ich groß bin, zeig ich es denen", sagt sie, „die kommen nur damit durch, weil alle Angst haben und zu schwach sind. Ich hab keine Angst und irgendwann werde ich auch stark genug sein …"

„Was ist passiert?", frage ich und setze mich neben sie. Marissa blickt auf, ihr Gesicht ist noch nass, aber sie weint jetzt nicht mehr. Mir wird wieder einmal ganz klar, dass es nicht auf die körperliche Stärke ankommt, sondern auf die innere. Marissa ist echt stark, finde ich.

„Siehst du doch", antwortet sie und deutet dabei auf die Sachen, die vor ihr auf dem Boden liegen und öffnet ihre Hand. Darin liegt die zerstörte Uhr. Das Uhrglas ist kaputt und auch das Armband.

„Kai wollte unser Mensageld", fährt sie fort, „als ich es ihm nicht gegeben habe, hat er mir meinen Rucksack weggerissen, alles herausgeschüttelt, zertreten, zerknickt und hier über die Fliesen zerstreut. Dann hat er mir das Handgelenk umgedreht und hat nach der Uhr gegriffen. Da bin ich völlig ausgeflippt. Ich hab mich gewehrt, getreten und gekratzt. Ich glaub, das hat ihn einen Moment lang erschreckt und er hat losgelassen. Trotzdem hat er bekommen, was er wollte. Jetzt hat er mein Geld, und meine Sachen sind kaputt. Das werde ich sofort meinen Eltern sagen und auch meiner Klassenlehrerin!"

Pauline und ich sehen uns an. Wir denken das Gleiche. Kai hat sich mit dem falschen Mädchen angelegt. Dennoch haben wir beide Angst, wie es dann mit Marissa weitergeht, wenn sie Kai jetzt anschwärzt. Wieder haben wir keinen Beweis in unseren Händen, dass er darin verwickelt war. Die anderen Kinder sind weggelaufen oder haben zu viel Angst, eine Zeugenaussage zu machen, und Pauline ist ja erst anschließend dazugekommen, als Kai schon weg war.

Auch muss ich an die Eltern von Danile denken, die letzte Woche bei der Schulleitung waren. Sie hatten sich beschwert, dass jemand das Fahrrad ihres Sohnes zerstört hatte: zerschnittene Reifen, zerschlitzter Sattel, Klingel geklaut, und so weiter. Ihr erinnert euch, oder? Damit hatte Kai vor Luca angegeben. Klar war da auch Kais Name bei der Anzeige gefallen, aber wieder stand Aussage gegen Aussage. Herr Grande, unser Schulleiter, war da nicht weitergekommen, hatte nichts erreicht.

Plötzlich schießt mir ein Gedanke durch den Kopf, ich weiß nicht genau, woher er kommt, aber er ist da, übermächtig.

„Marissa", sage ich, „möchtest du Mitglied der ‚Offenen Hand' werden? Das ist eine Gruppe von Schülern, die sich gegen Unrecht an unserer Schule stellen und sich wehren!"

Pauline wirft mir einen fragenden Blick zu, aber ich ignoriere sie und erzähle weiter: „Wir haben uns in unserem Projekt mit der ‚Weißen Rose' beschäftigt, mit der Widerstandsgruppe rund um Sophie Scholl. Du weißt ja sicher, wer Sophie Scholl war, oder?"

Marissa nickt.

„Wir haben nun unsere eigene Gruppe", sage ich, „wir wollen auch Widerstand leisten, genau gegen diese gemeinen Freaks!"

„Und ihr nennt euch ‚Offene Hand'?", fragt Marissa neugierig. Wieder ein Blick von Pauline.

„Ja", erwidere ich. „Wir wollen mit offener Hand und nicht mit Fäusten gegen diese Jungs vorgehen. Verstand und Köpfchen gegen rohe Gewalt, du verstehst? Wir wollen uns wehren und sagen, so geht das nicht. Jeder, der uns helfen möchte, ist in unserer Gruppe willkommen. Jeder, der genug Mut im Herzen hat, egal, wie alt oder stark er ist."

Über Marissas Gesicht huscht Stolz und man sieht ihr ihren Kampfeswillen direkt an. Ihre Augen funkeln, als sie sagt: „Da kannst du aber drauf wetten, dass ich den habe, Mut!" Endgültig ist das Beben und Schluchzen vorbei. Sie streckt ihren Rücken. „Also", sagt sie, „ich bin dabei! Was soll ich tun?"

Pauline und ich erzählen ihr von unserem Plan. Marissas Augen werden ganz groß, dann lacht sie plötzlich auf. „Mehr als genial", sagt sie.

„Du darfst es nur keinem verraten", sage ich, „auch nicht deinen Eltern oder Lehrern. Die Jungs sollen sich in Sicherheit wiegen."

Marissa denkt nach. „Ich muss es meinen Eltern aber erzählen", sagt sie schließlich, „alle meine Sachen sind kaputt. Und auch meiner Lehrerin möchte ich das eigentlich sagen … aber ich kann meinen Eltern von eurem Plan erzählen, die sind cool, die werden dann nicht gleich zur Schulleitung gehen und Kai nicht erwähnen. Sie sagen auch immer zu mir, dass man versuchen muss, seine Sachen selbst zu regeln. Sie werden das verstehen … und meine Klassenlehrerin ist die Vertrauenslehrerin hier, Frau Wert."

Pauline nickt. „Ich finde das eigentlich ganz gut, Lisa",

sagt sie schließlich. Wir sind dann nicht ganz allein und wenn was schiefgeht, brauchen wir sicherlich Unterstützung. Frau Wert wird das nachvollziehen können, denke ich, und wir haben professionelle Hilfe bei unserem Vorhaben ... Was meinst du? Ich weiß, dass du das lieber alles allein gemacht hättest, aber – weißt du noch? Sophie Scholl und die ‚Weiße Rose' hatten auch wichtige Unterstützer, sogar einen Professor."

Ihre Worte plumpsen in mein überfülltes Hirn, suchen sich einen freien Platz. Klar, auf der einen Seite möchte ich das allein schaffen, ist ja irgendwie auch mein persönlicher Kampf. Auf der anderen Seite tut es unglaublich gut, Freunde an der Seite zu haben. Und noch besser wird es sein, wenn auch Erwachsene mit im Boot sind. Schließlich kommt es darauf an, dass auch tatsächlich alles funktioniert. Wir müssen unbedingt gewinnen. *Verfalle nicht der dunklen Seite der Macht, Luke*, schießt es durch meinen Kopf.

Ich nicke und stimme Pauline zu. „Also gut", sage ich, „einverstanden, weiten wir unsere Gruppe aus!"

Wir stehen auf und sammeln Marissas Sachen ein. Manches ist nur zerknickt und kann sicher noch verwendet werden. Und den Rucksack hat Kai diesmal zumindest heil gelassen. Er hat ja bekommen, was er wollte, das Geld.

Zusammen mit Marissa gehen wir die Treppen nach oben und klopfen an die Tür des Lehrerzimmers. Herr Behnke öffnet und fragt nach unserem Anliegen. Als Frau Wert schließlich ihren Kopf durch die Tür streckt und mit einem Lächeln auf uns zutritt, fühle ich, dass alles richtig ist. Alles wird gut, denke ich, denn die Weiße Rose blüht wieder.

# KAPITEL 11

# VON DER TOTALEN ZUR GROSSAUFNAHME

MITTWOCH, 15. JANUAR 2020:

Es hat so viel Spaß gemacht. Ich kann euch gar nicht sagen, wie sehr. Unser Team hat von Montag bis heute intensiv an dem Projekt gearbeitet. Und jetzt ist es fertig. Genau genommen, sind es ja zwei „Projekte" und beide sind sicher verwahrt auf Laptop, Stick und ausgedruckt in der Mappe. Gestern war der letzte Arbeitstag. Wir haben alle Fotos so gemacht, wie auf unserem Storyboard entworfen und in den Regieanweisungen festgehalten. Die Präsentation über Sophie Scholl und der „Weißen Rose" für den Tag der offenen Tür ist also fertig und wartet auf ihren großen Einsatz am Freitag. Zusätzlich haben wir aber auch an unserer ganz eigenen Präsentation für die Generalprobe gearbeitet. Uns allen ist klar, dass das ganz schön haarig werden wird, doch wir haben ja jetzt Frau Wert auf unserer Seite.

So im Nachhinein war es genau die richtige Entscheidung, ihr alles zu erzählen, wir hätten sonst wirklich in Teufels Küche kommen können. Während unseres Gesprächs letzte Woche mit Marissa erfuhren wir von Frau Wert, dass die Jungs schon lange auch von den Lehrern der Schule beobachtet wurden, dass man ihnen aber nichts nachweisen konnte. Privat liefen einige Anzeigen gegen „Unbekannt", aber damit kamen die Eltern und auch die Polizei nicht weiter.

Als wir Frau Wert unseren Plan dargelegt hatten, war sie ganz stillgeblieben. Reglos hatte sie dagesessen und überhaupt nichts gesagt, nicht einmal eine Regung gezeigt, wie neulich im Unterricht. Erst nach einigen Sekunden hatte sie den Kopf gehoben und uns der Reihe nach angesehen, erst Marissa, dann Pauline, dann mich.

„Ich denke, die ‚Weiße Rose' hat würdige Nachfolger bekommen", sagte sie schließlich und heftete ihren Blick bei diesen Worten auf mich. Wie festgeklebt ruhten ihre Augen auf mir. Ich wusste, warum. Sie wollte mir sagen: „Lisa, du trägst den schwersten Teil des Plans auf deinen Schultern, Hut ab!"

Aber ich hatte das Gefühl, dass ich das auch musste, denn ich war diejenige, die ja auch den größten Scheiß gebaut hatte. Sorry für meine Wortwahl, aber beschönigen kann man das nicht. Ist ja alles so gewesen, wie ich es euch erzählt habe!

„Sind alle aus eurer Projektgruppe damit einverstanden und auch in eurer eigenen kleinen Widerstandsgruppe Mitglied?", hatte sie noch gefragt. „Ihr müsst schon verstehen, dass ich das fragen muss, denn ihr alle tut da etwas sehr Mutiges! Und ihr müsst euch über die Konsequenzen im Klaren sein. Geht etwas schief und wir können die Jungen nicht überführen, sie wissen aber, dass ihr versucht habt, sie reinzulegen, dann wird es sicher heftig!"

„Wir alle sind dabei", sagte Pauline, „Johann, Tim, Laura, Lionel, Merle, Eileen, Lisa und ..."

Eigentlich hatte Pauline sicherlich „ich" sagen wollen, doch Marissa war ihr zuvorgekommen.

„... und ich", hatte sie reingerufen und ließ keine Zweifel offen, dass sie die Mutigste von uns war.

Da hatte Frau Wert gelächelt, war aufgestanden und hatte sich der Tür zum Lehrerzimmer zugewendet.

„Wir sehen uns in zwei Minuten im Unterricht", hatte sie zu Pauline und mir gesagt, „und du gehst nun in deine Klasse, Marissa!" Das war letzten Donnerstag gewesen.

Seitdem waren die Vorbereitungen auf Hochtouren gelaufen. Wir hatten Marissa offiziell in unsere Projektgruppe aufgenommen. Sie brachte viele gute Ideen mit ein und scheute sich nicht, auch auf den Fotos für unsere zweite Präsentation abgebildet zu werden – sie war klein, aber oho, wie man so schön sagt – unglaublich tapfer. Auch hatte sie recht behalten, was ihre Eltern betraf. Sie hatten sofort die Einverständniserklärung unterschrieben, dass Marissa in der Projektgruppe mitarbeiten, Mitglied in unserer Gruppe der „Offenen Hand" werden und eben auch auf den Fotos der Präsentation abgebildet werden durfte.

Erst gestern war Marissas Mutter in die Schule gekommen, hatte sich unsere Fortschritte angeschaut und einen ganzen Korb voll frischgebackener Muffins ausgegeben. Auch sonst liefen die Vorbereitungen. Frau Wert hatte mit Herrn Grande gesprochen, der wiederum mit der Polizei, und gefühlt musste ich 95 Mal meine Geschichte und unseren Plan erzählen. Aber Johann war die ganze Zeit an meiner Seite und auch Pauline.

Ich stehe auf der Bühne zur Aula und blicke auf Reihen um Reihen von Stühlen. In einer halben Stunde werden sich alle Stühle mit den Schülerinnen und Schülern der fünften und sechsten Klassen unserer Schule füllen. Ganz hinten, hinter der letzten Stuhlreihe, steht die schuleigene Kamera auf einem Stativ und Tim werkelt daran herum.

Mein Bruder hockt rechts von mir unterhalb der Bühne und verbindet den Laptop mit dem Beamer, der hoch oben unter der Decke der Aula schwebt. Hinter mir ist die Leinwand heruntergefahren, auf der unsere Präsentation laufen wird. Dahinter sind die Vorhänge zugezogen, denn hinter der Bühne liegt der Musikraum. Wenn alles gut läuft, werden dort gleich mindestens hundert Rucksäcke und Taschen der unteren beiden Jahrgänge liegen und auf ihren großen Einsatz warten. Ich spüre, wie mein Herz klopft und denke, dass man es mindestens bis nach draußen hört. Aber niemand hört es. Es schlägt still vor sich hin und dennoch macht es gehörig Krach, irgendwie.

Bis zu diesem Zeitpunkt ist alles reibungslos verlaufen. Gestern hat mich Luca angesimst und mir aufgetragen, dass ich die weiteren Schritte mit Kai besprechen solle. In der großen Pause kam er zu mir in die Handyzone. Immer rückt er näher an mich heran, als das normal ist. Ich finde einfach alles an ihm schrecklich. Aber ich hatte eine Rolle zu spielen und die spielte ich, glaube ich, grandios, wie Julia Jentsch im Film.

„Morgen Nachmittag 14 Uhr ist Generalprobe unserer Präsentation", flüsterte ich ihm zu. „Ab 13:45 Uhr liegen die Rucksäcke der Schüler aus Jahrgang 5 und 6 unbewacht im Musikraum. Alle gehen davon aus, dass die Tür abgeschlossen ist, aber ich habe einen Schlüssel und lasse sie offen. Dann könnt ihr unbemerkt hinein. Ihr habt ungefähr 15 Minuten Zeit, dann werden sie ihre Taschen wieder abholen."

„Und wenn uns jemand stört?", fragte Kai scharf. „Nicht so toll, die Tür aufzulassen. Dein Plan ist nicht ausgereift! Du musst es schaffen, kurz von der Bühne zu verschwinden und die Tür hinter uns zu verschließen."

Ich hatte so sehr gehofft, dass Kai diesen Einwand anbringen würde. Das war für mich der Freifahrtschein, sie einzuschließen, so, wie es unser Plan vorsah. Kein Entrinnen, es sei denn über die Bühne. Da allerdings würden die richtigen Leute warten.

„Kein Problem", sagte ich, „ich kann so tun, als hätte ich etwas vergessen oder so. Ich schließe euch für 15 Minuten ein, dann könnt ihr alle Taschen durchsuchen und eure Beute durch das Fenster nach draußen reichen. Da müsste nur jemand stehen."

„Luca wird da sein", zischte Kai. „Von uns kann keiner, wir stecken alle in irgendwelchen Projekten. Aber Luca nimmt die Beute entgegen und verschwindet."

„Dann ist das ja geritzt", sagte ich und lächelte.

„Hätte nie gedacht, dass du so viel Schneid hast", sagte Kai anerkennend und klopfte mir auf die Schulter, „hab dich wohl unterschätzt." Dann war er in der Menge der Schüler verschwunden.

*Und wie du mich unterschätzt*, dachte ich. *Ich habe noch mehr Schneid, als du glaubst, so viel davon, dass dir morgen so richtig übel werden wird!*

Jetzt ist es soweit. Die ersten Schülerinnen und Schüler kommen in den Musikraum, stellen ihre Rucksäcke ab und suchen sich lachend und lärmend einen Stuhl vor der Bühne. Marissa läuft an mir vorbei und zwinkert mir zu. Alle sind da, die Show kann beginnen.

Unter einem Vorwand gehe ich nach hinten, sehe, wie Kai, Marwin, Kevin und Torben mit großen blauen Müllsäcken unterm Arm in den Musikraum schlüpfen. Perfekt. Ich schließe zu. Dann gehe ich zur Bühne zurück und stelle mich mitten darauf. Mein Blick schweift über die Menge: Ich sehe Marissa, Frau Wert, da ist Björns roter Schopf zwischen den anderen, und Benny sitzt neben Khaled. Auch Frau Kremer ist da und unser Schulleiter, Herr Grande.

Er muss da sein, denn wenn unser Plan klappt, brauchen wir eine offizielle Autoritätsperson. Die Schüler werden leise und ich hole noch einmal tief Luft. Ich sehe, wie das rote Licht der Kamera leuchtet, die Aufnahme startet.

Also gut, es geht los:

„Ihr alle kennt den Namen Sophie Scholl", sage ich so laut, dass nun auch der letzte Schüler verstummt. „Im Rahmen der Jubiläumsfeier unserer Schule haben wir uns genauer mit Sophie Scholl und der Widerstandsgruppe ‚Weiße Rose' beschäftigt."

Hinter mir auf der Leinwand erscheint die erste Folie. Auf einem roten Hintergrund prangt eine wunderschöne weiße Rose. Darunter steht: „Sophie Scholl und die ‚Weiße Rose'."

„Ihr wisst sicher, dass die Mitglieder dieser Gruppe gegen den Nationalsozialismus und somit gegen Hitler gekämpft haben, aber nicht mit Waffen, sondern mit Worten!"

Die zweite Folie erscheint, darauf ist ein Zitat von Sophie Scholl zu lesen: „Ich für meine Person will mit dem Nationalsozialismus nichts zu tun haben."

„Doch es soll heute in der Generalprobe nicht um den Widerstand der ‚Weißen Rose‘ und um Sophie Scholl gehen", sage ich und spreche noch ein bisschen eindringlicher, „sondern um unseren eigenen Widerstand gegen das Unrecht und das Böse hier an unserer Schule!"

Die dritte Folie erscheint. Es ist ein Foto unserer Schule. Johann hat einen schwarzen Schatten darübergelegt, wie eine dunkle drohende Wolke, die sich langsam auf die Schule herabsenkt.

Dann flammt das Zeichen unserer Gruppe auf, eine offene Hand ist groß zu sehen. Ich fühle mich ein klein wenig wie Rey Skywalker, als sie mit dem Lichtschwert in der Hand der dunklen Seite der Macht gegenübertritt. Was für ein Vergleich. Rey, die Heldin, Rey, die Kämpferin für das Gute, Sophie, die Kämpferin für das Gute, Lisa, die Kämpferin für das Gute.

„Wir sind die ‚Offene Hand‘", sage ich mit Nachdruck, während ein Raunen durch die Reihen läuft. „Wir sind gegen Gewalt, gegen Angstmacherei und Mobbing, gegen Erpressung und vor allem gegen Rassismus an unserer Schule!"

Die nächsten Folien erscheinen, während ich die Worte langsam und betont ausspreche. Bei dem Wort „Gewalt" ist der zerschnittene Rucksack zu sehen – in Großaufnahme, dann, beim Wort „Angstmacherei", das demolierte Fahrrad von Danile, als nächstes kommt Marissa, die sich gegen einen größeren Schüler wehrt, ihre Sachen liegen am Boden, ihr Gesicht voller Tränen aber ohne Angst (der Schüler ist Tim, der sich ganz schwarz angezogen und eine Sturmmaske übergezogen hat), dann sieht man Björn und Benny, die beim Wort „Erpressung" einem Schüler (wieder Tim in Verkleidung) unter Angst ihr Geld geben müssen, und zuletzt ist da Khaled, der in der Jungentoilette mit klitschnassem Kopf und Pulli sitzt und weint, während der Schüler in Schwarz (klar, ihr habt es erraten, wieder Tim) beim Wort „Rassismus" den Raum verlässt.

„Wir sind die ‚Offene Hand'", wiederhole ich meine Worte und die nächste Folie zeigt erneut unser Zeichen.

„Wir stellen uns gegen alle, die sich nicht an einen friedvollen und respektvollen Umgang miteinander halten, die Gewalt ausüben und Angst verbreiten!"

Vier Schatten erscheinen auf der nächsten Folie, Umrisse von Schülern, die wir nur alle allzu gut kennen. Dann tauchen überall drum herum angstvolle Gesichter auf. Gesichter von Schülerinnen und Schüler unserer Schule, die sich schon vorher bereit erklärt hatten, mitzumachen.

„Wir kennen die, die uns das antun!", rufe ich.

Ein fünfter Schattenumriss kommt dazu mit der typischen Igelhaarfrisur.

„Ein Einzelner kann vielleicht nichts bewirken, viele aber schon! Wenn ihr euch der ‚Offenen Hand' anschließen wollt, steht jetzt auf!"

Wie von der Tarantel gestochen springt Marissa auf. Auf diesen Startschuss hat sie nur gewartet. Sie war schon die ganze Zeit über hibbelig auf ihrem Stuhl herumgerutscht und konnte es kaum abwarten, bis ich diese Worte endlich ausgesprochen habe. Weiter hinten erheben sich Khaled, dann Benny, dann Björn, Danile ist dabei, Maren, Diana, Jannik, Aiman, Katharina, Erika, es werden immer mehr. Wie in Zeitlupe nehme ich Bewegungen wahr, sehe einzelne Gesichter, erinnere mich plötzlich an die lange, gemeinsame Zeit mit Luca. Ich sehe ihn auf einmal vor mir, wie auf den Präsentationsfolien, erst mit den Augen eines Grundschulmädchens, das ihn angehimmelt und in rosarote Wölkchen gepackt hat, sehe ihn dann mit den Augen eines Teenagers, der auch nicht viel klüger war, und sehe ihn jetzt, mit den Augen von Lisa – Elisabeth Magdalena Sophia Schubert – fast 14 Jahre alt und deutlich weiser als noch vor einigen Wochen.

Johann rechts unter mir nickt mir zu, auch Frau Wert nickt, Herr Grande strafft seinen Rücken, und ich trete beiseite. Ich sehe den hochgereckten Daumen von Tim, der alles auf Video aufnimmt. Die Leinwand fährt hoch, Laura und Lionel ziehen blitzschnell die Vorhänge auseinander. Die schützenden Hängewände, die normalerweise den Musikraum von der Bühne trennen, fehlen, sodass der Blick geradewegs freigegeben ist. Wohlweislich hat der Hausmeister die Wände vorher zur Seite geschoben. Das war der einzige kleine Knackpunkt, den unser Plan hatte, dass die Jungs das feststellen und den Braten riechen. Doch alles klappt. Da stehen sie – in flagranti erwischt, in hellem Licht – live, in Farbe und in Großaufnahme.

Was ich gerade fühle? Ruhe … Alles ist gut, da ist nichts mehr, was mich aufwühlt, keine Angst mehr, keine Zweifel, keine Bedenken, alles ist wirklich gut, mein Herz macht keinen Lärm mehr.

Ich muss an den Schluss des Filmes denken, an den

Moment, als Sophie Scholl den Raum mit der Guillotine betritt. Wahrscheinlich liegt in meinem Gesicht jetzt der gleiche Ausdruck wie in ihrem. Ruhe. Und das Wissen, alles richtig gemacht zu haben. Wie sagte sie im Film zu ihrem Verhörführer? „Nicht ich habe die falsche Überzeugung, sondern Sie!" Wie wahr.

Eingefroren stehen die vier Jungs da: Kai, Marwin, Torben und Kevin. Während Marwin und Torben über die Rucksäcke gebeugt stehen, jeder drei Handys oder Geldbeutel in der Hand, reichen Kai und Kevin einen Beutel durchs Fenster. Hinter der Scheibe ist deutlich das hochgegelte Igelhaar von Luca zu erkennen. Hier ist kein Platz mehr für versteckte Operationen, kein Platz mehr für Heimlichkeiten, kein Platz mehr für Macht, die auf Angst gebaut ist.

Ich sehe ihm direkt in die Augen und sage laut: „Nicht ich tue das Falsche, sondern du!" Ich atme tief ein.

„Wenn wir eins aus der Geschichte lernen können", fahre ich fort, „dann, dass Zusammenhalt und Gottvertrauen zu Stärke führen und Veränderungen bewirken können, ganz wie im Zeichen der ‚Weißen Rose'."

Herr Grande, der Hausmeister und zwei Lehrer sind bereits auf dem Weg ins Innere des Musikraumes. Ich sehe Lucas wutverzerrtes Gesicht außerhalb der Scheibe, dann zwei Polizisten, die hinter ihm aus dem Nichts auftauchen und ihn wegführen.

Applaus brandet auf. Ich drehe mich um und sehe in die Gesichter meiner Mitschüler, die so lange in Angst zur Schule kommen mussten. Befreit lachen sie, johlen, klatschen, umarmen sich. Von oberhalb der Aula, vom Galeriegang aus, segeln hunderte Flugblätter nach unten.

**DIE OFFENE HAND**

**Wir sind gegen**
Gewalt
Erpressung
Mobbing
Rassismus

**SCHLIESST EUCH UNS AN!**

Ich sehe Merle und Eileen, die die Zettel mit Freude im Gesicht über die Brüstung werfen. Die Schüler springen hoch, greifen danach und die ersten Flugblätter der „Offenen Hand" machen die Runde.

Johann hatte den genialen Einfall am Sonntag. „Wenn schon in den Widerstand gehen", hatte er gesagt, „dann auch richtig!"

Und was hatte neulich Frau Wert noch gleich gesagt? „Die Weiße Rose hat würdige Nachfolger bekommen"? Ich hoffe es, ich hoffe es so sehr, würdig zu sein.

\*\*\*

# KAPITEL 12

# TAG DER OFFENEN TÜR

**FREITAG, 17. JANUAR 2020:**

Pauline steht neben mir. Diesmal teilen wir uns den Auftritt. Fast alles ist so wie am Mittwoch, aber eben nur fast. Durch die Schule ist so etwas wie ein Ruck gegangen. Irgendwie begegnen einem viel mehr lachende Gesichter, die Stimmung ist ausgelassen und fröhlich. Gut, kann daran liegen, dass heute Party ist, Tag der offenen Tür und dann Aftershow-Party. Aber ich glaub das nicht. Es hat sich grundlegend etwas verändert. Da sind Steine gerollt (und Köpfe, wenn das nicht zu makaber klingt), da ist etwas in Bewegung geraten, jeder spürt die Veränderung.

Der Vormittag verlief mehr als harmonisch. Ich habe zusammen mit Eileen den ersten Artikel für unsere Schülerzeitung verfasst, die dann nächste Woche Montag erscheinen wird:

## „Im Zeichen der ‚Weißen Rose‘
## Die „Offene Hand" wird aktiv

**Eine mutige Gruppe junger Schülerinnen und Schüler der Sophie-Scholl-Schule tritt das Erbe einer großartigen Frau aus unserer Geschichte an.**

Neudorf, 15. Januar 2020

Mittwochnachmittag, die Stühle in der Aula füllen sich. Fünft- und Sechstklässler nehmen Platz. Es ist Zeit für die Generalprobe der Präsentation über Sophie Scholl. Doch die Präsentation läuft anders als von den Zuschauern erwartet. Nicht Sophie Scholl und ihr Widerstand in der Gruppe der ‚Weißen Rose‘ war Thema, sondern der eigene Widerstand der Projektgruppe gegen Mobbing, Gewalt und Erpressungsfälle an der Schule. Durch einen mutigen Plan wurde der Drahtzieher und die Jungengang, die in den letzten Wochen für Angst an der Schule und darüber hinaus gesorgt hatten, überführt. Die Gruppe, die sich selbst die „Offene Hand" nennt, hat mit Hilfe der Schulleitung und der Polizei dem kriminellen Treiben an der Schule ein Ende gesetzt.

Immer mehr mutige Schülerinnen und Schüler treten der Gruppe bei und stehen für mehr Toleranz, für Freundlichkeit und respektvollen Umgang ein.

Wir danken allen herzlich, die an unserem Projekt teilgenommen haben und weiter teilnehmen!

Danke sagt –
die „Offene Hand"
© Eileen, Lisa

Es ist kurz vor drei Uhr am Freitag und die Stühle der Aula sind bis auf den letzten Platz besetzt. Ich sehe Mama und Papa, aber auch die Eltern von Marissa; Paulines Mutter ist da und der ältere Bruder von Tim, der bis vor drei Jahren auf diese Schule gegangen ist. Da sind junge Schüler, meine Klassenkameraden, da ist Johann und viele andere Mitglieder der „Offenen Hand."

Meine digitale Uhr zeigt jetzt genau 15 Uhr an. Erneut geht es los.

Pauline ergreift das Wort. Sie steht links neben der Leinwand und ich rechts. Wir halten die Zettel mit unseren Texten in den Händen, nur zur Sicherheit. Ich kann die Folien und die Präsentation in- und auswendig.

„Herzlich Willkommen zum Tag der offenen Tür", sagt Pauline. „Wir begrüßen alle herzlich zur Präsentation unseres Projektes über das Leben der Sophie Scholl, die ja Namensgeberin für unsere Schule ist."

„Wir wollen Sie und euch alle mitnehmen auf eine kleine Gedankenreise", sage ich, „und wollen uns folgende Frage stellen: Wie viel Mut bedarf es von jedem Einzelnen in einer Welt, die in Dunkelheit zu ertrinken droht?"

Lionel dämmt das Licht. Der Beamer springt an und Johann startet die Präsentation. Das erste Bild erscheint. Obwohl wir es ja schon alle zur Genüge kennen, ist es doch immer wieder so schön: Pauline – also Sophie – hüpft fröhlich über die Sommerwiese. Der dunkle Zopf flattert hinter ihr im Wind. Vögel fliegen wie gemalt am blauen Himmel und durch den Weichzeichner, den Johann über das Foto gelegt hat, wirkt alles romantisch und idyllisch. Darunter steht: Forchtenberg, Sommer 1927.

Dann folgt das zweite Bild. Sophie ist eine junge Frau geworden. Wir haben in die ursprüngliche Reihenfolge noch ein Bild von ihr eingebaut, auf dem man nun erst sieht, dass sie erwachsen ist. Wir haben das Bild der „Weißen Rose" nachgestellt, das, auf dem Sophie in der Mitte sitzt mit gescheiteltem Haar, Strickjacke an, weiße Blume angesteckt. Johann als Hans links im Bild und Tim als Christoph Probst rechts im Bild. Überschrift des Bildes: Sophie im Kreis ihrer Freunde und Mitstreiter der „Weißen Rose".

Dann folgt das erste Bild, das so richtig nachdenklich macht: Sophie blickt auf verletzte Menschen hinunter (Laura, Eileen, Merle und auch Marissa liegen auf dem Boden mit schmerzverzerrtem Gesicht, Arme, Beine oder den Kopf fest bandagiert). Darunter steht: Kriegshilfsdienst 1941.

Dann folgt die gleiche Einstellung nur mit Hans Scholl, der hat das Elend an der Front ja auch gesehen. Hier liegen Lionel und Tim als Verletzte auf alten Decken. Nur Lionels Rücken ist zu sehen, er wollte nicht so gerne ganz drauf. Aber gerade das wirkt so echt. Johann blickt traurig und entsetzt auf die Szenerie.

Ein Laufstreifen gleitet über das Foto: Sanitätsdienst an der Front, Frankreich: „Es war unsere Überzeugung, dass der Krieg für Deutschland verloren ist, und dass jedes Menschenleben, das für diesen verlorenen Krieg geopfert wird, umsonst ist."

Jetzt folgt das erste Mal der Schatten, der sich bedrohlich auf Sophie herabzusenken scheint. Wieder hat Pauline die Haare gescheitelt und trägt die Strickjacke. Mittlerweile ist sie wirklich gut als Sophie zu erkennen. Sie steht nur da, blickt schräg nach oben und da lauert der Schatten. „Gib mir Kraft", denkt sie.

Jetzt legt sich das nächste Bild darüber und verdrängt Sophies Gesicht in Großaufnahme. Das Bild zeigt eine alte Schreibmaschine. Hunderte von Flugblättern liegen daneben auf einem Stapel, ein Blatt steckt in der Schreibrolle. Auf der Tastatur sieht man die Hände von Tim, die auf dem Anschlag liegen.

Ein Bild weiter zeigt die Detailaufnahme des Zettels, der in der Schreibmaschine steckt. Darauf steht: „Wir sind der Meinung, der Krieg ist nicht mehr zu gewinnen, nur noch zu verlängern."

Als nächstes sieht man Pauline und Johann von hinten. Pauline zieht einen Trolley hinter sich her. Es ist die Szene aus dem Film, den wir gesehen haben, der Weg zur Uni mit dem Gefahrgut in der Hand, nur haben wir sie moderner gestaltet. Für dieses Foto hat sich Johann einen Anzug von Papa angezogen, er sieht echt erwachsen damit aus. Über die beiden Personen auf dem Foto hat Johann wieder den Schatten gelegt, er begleitet sie jetzt permanent und nimmt auf den Fotos immer mehr Raum ein.

Eine Gedankenblase schwebt über beiden Köpfen, in der steht: „Was wir sagten und schrieben, denken ja so viele. Nur wagen sie nicht, es auszusprechen."

Jetzt kommt eine Großaufnahme von den Zettelstapeln, die am Fuß verschiedener Türen liegen, so, als hätten Sophie und Hans Scholl sie gerade eben verteilt. Hier scheint der Schatten die Form einer Klaue anzunehmen, die nach dem Stapel greift. Oben drauf steht ein Zitat des zweiten Flugblattes der „Weißen Rose": „Wenn so eine

Welle des Aufruhrs durch das Land geht, wenn es in der Luft liegt, wenn viele mitmachen, dann kann in einer letzten, gewaltigen Anstrengung dieses System abgeschüttelt werden."

Nun fliegen die Zettel durch die Luft. Ich weiß noch, dass das ganz schön schwierig war, den richtigen Moment zu treffen und die Fotos zu machen. Wir mussten mehrere Mal die Zettel durch die Luft schweben lassen (… und wieder einsammeln und wieder hochwerfen …), bis alles saß. Der Schatten scheint die Zettel zu verschlingen. Dann Pauline und Johann in Handschellen (Spielzeughandschellen von Lionel) – Sophie und Hans werden abgeführt. Jetzt geht der Schatten rechts und links neben ihnen, wie Personen, die sie bedrängen, einrahmen, nicht mehr freigeben.

Sophie denkt: „Man muss einen harten Geist und ein weiches Herz haben!"

Dann folgt das Foto des Verhörs. Pauline sitzt Tim gegenüber. (Wir haben das an Papas Schreibtisch fotografiert. Sein Arbeitszimmer sieht so schön professionell aus, mit Lampe, Papier, Stiften und allem.) Sophie spricht mit Herrn Mohr, ihrem Verhörführer. Man sieht Paulines Rücken, Tims Gesicht und hinter ihm drohen wieder die Schatten. Pauline als Sophie wirkt klein, verletzlich, fast verschwindend klein gegenüber dem übermächtigen Schatten, der fast das ganze Foto einnimmt.

Mohrs Sprechblase lautet: „Nun sagen Sie doch schon, dass die anderen die Schuld tragen, dann sind Sie raus aus der Nummer!" Wir haben in Absprache mit Frau Wert diesen Text gewählt, weil jeder ihn versteht.

Sophie antwortet mit ihrem bekannten Satz: „Nicht ich habe die falsche Überzeugung, sondern Sie!" Wir wissen ja, dass sie ihre Freunde und auch ihren Bruder nicht verraten hat.

Jetzt folgt das Bild von Sophie, wie sie aus dem Gitterfenster blickt. Der drohende Schatten liegt nun überall um sie herum und scheint sie einzuschließen. Darunter steht ein weiteres Zitat von ihr: „Manchmal graut mir vor dem Krieg, und alle Hoffnung will mir vergehen. Ich mag gar nicht dran denken, aber es gibt ja bald nichts anderes mehr als Politik, und solange sie so verworren ist und böse, ist es feige, sich von ihr abzuwenden."

Das gleiche Bild erscheint erneut, doch diesmal steht in einer Gedankenblase, die den Schatten verdrängt: „Meine Gedanken sind frei!" Dann schwenkt das Foto um und man sieht anstelle des Schattens die wunderschöne Erinnerung an ihre Kindheitstage, das Foto des Mädchens, das über die Sommerwiese läuft. Ein leises Raunen geht durch die Menge der Zuschauer. Es ist ein bewegender Augenblick, das spüren wir alle.

Doch der Moment endet abrupt. Das nächste Bild zeigt die Guillotine in der Halbtotalen. Der Schatten beherrscht das Bild. 1943 prangt in großen roten Zahlen darüber. Jetzt kommt die vorletzte Folie der Präsentation über Sophie Scholl. Sie zeigt das Originalfoto der drei Personen der „Weißen Rose". Sophie in der Mitte, mit Strickjacke und Ansteckblume, Hans Scholl links und Christoph Probst rechts. Darunter steht: „Ich bin nach wie vor der Meinung, das Beste getan zu haben, was ich gerade jetzt für mein Volk tun konnte. Ich bereue deshalb meine Handlungsweise nicht und will die Folgen, die mir aus meiner Handlungsweise erwachsen, auf mich nehmen."

Dann kommt die letzte Folie. Es ist unser Zeichen der offenen Hand.

Wir alle stehen auf, stellen uns nebeneinander auf die Bühne und sprechen gemeinsam die Worte: „Wir sind die ‚Offene Hand'."

Ich sage: „Wir sind die Gruppe, die gegen die geballten Fäuste ist, die sich gegen Ausländerfeindlichkeit und Terror stellt."

Pauline sagt: „Wir sind die Gruppe der ‚Offenen Hand', denn nur die offene Hand kann helfen, kann eine andere Hand ergreifen, kann freundschaftlich eine andere Hand umschließen und halten."

Bei diesen Worten ergreift Pauline meine Hand. Merle tritt von links dazu und Eileen von rechts, beide ergreifen unsere Hände, dann schließen sich Lionel und Laura an, Marissa, Benny, bis der letzte von der Bühne treten muss und die Verbindung zur ersten Stuhlreihe herstellt. Und wie ein Lauffeuer breitet sich plötzlich die Geste der Gemeinschaft aus. Die Menschen erheben sich von ihren Stühlen, jeder ergreift die Hand des Nachbarn, bis schließlich alle Schüler, alle Lehrer, alle Eltern und Gäste miteinander verbunden sind.

Und dann ertönen die ersten Klänge des Liedes, das wir für unsere Präsentation ausgesucht haben: „Die Gedanken sind frei".

Eigentlich fanden wir das Lied einfach nur schön und passend und haben es deshalb für unsere Präsentation ausgesucht. Als wir mal wieder bei uns im Esszimmer zusammengesessen und es bestimmt zum hundertsten Mal abge-spielt haben, ist Mama hereingekommen und hat gemeint: „Na, da spielt ihr ja das Sophie-Scholl-Lied." „Wie Sophie-Scholl-Lied?", haben wir gefragt, und da hat sie uns erklärt, dass dieses Lied auch eine ganz besondere Bedeutung für Sophie Scholl hatte.

Sie erzählte uns, dass nach all den schrecklichen Meldun-gen das Fass bei Sophie Scholl nach der Verhaftung ihres Vaters durch die SS übergelaufen sei. Sophies Vater wurde inhaftiert, verhört und mit einem Berufsverbot belegt, weil er Hitler beleidigt hatte. Das muss man sich mal vorstellen, was die sich getraut haben. Dann ist Sophies Bruder von der Front zurückgekehrt und hat verzweifelt von dem Mas-sensterben dort berichtet. All das hat dazu geführt, dass So-phie ausgerastet und aktiv geworden ist. Sie hat sich angeb-lich ihre Blockflöte geschnappt, sich vors Gefängnis gestellt und für die Inhaftierten und vor allem für ihren Vater das Lied „Die Gedanken sind frei" gespielt. Und nun, nach fast achtzig Jahren, ertönt das gleiche Lied mit seiner absolut hippen Botschaft hier bei uns in der Aula unserer Schule. Absolut krass, der Gedanke. Blockflöte versus Subwoofer, aber es kommt ja auf den Inhalt an.

Während das Lied also abspielt, wechseln die Folien zum Text.

Zur ersten Strophe zeigen wir Menschen in Ketten, ge-fangen und zerschunden, doch der Liedtext geht so:

*Die Gedanken sind frei!*
*Wer kann sie erraten?*
*Sie fliehen vorbei*
*wie nächtliche Schatten.*

*Kein Mensch kann sie wissen,*
*kein Jäger erschießen,*
*es bleibet dabei:*
*Die Gedanken sind frei!*

Hier zeigen wir die gleichen Menschen, die gefangen sind und dennoch ihre Seelen und Gedanken auf eine wunderbare Reise schicken. Über jedem Kopf schwebt eine andere Gedankenblase mit wunderschönen Bildern darin. Das Lied geht weiter, handelt von der inneren Freiheit, dass ein Lachen immer möglich ist und auch ein Scherzen, denn alles, was ich denke, gehört mir allein, meine Gedanken sind auch frei. Die Folie wechselt und zeigt eine große Menschenmasse. Wieder hat jeder eine eigene Gedankenblase über seinem Kopf und in jeder Blase ist ein anderes Bild zu sehen.

Es ist mucksmäuschenstill in der Aula und selbst vorbeigehende Gäste bleiben andächtig stehen. Das Lied kommt zum Ende:

*… Mein Wunsch und Begehren*
*kann niemand verwehren,*
*es bleibet dabei:*
*die Gedanken sind frei.*

Die Folie zeigt einen Jungen, der unter einem großen Baum auf einer Sommerwiese liegt, die Arme unterm Kopf verschränkt, einen Grashalm zwischen den Lippen, die Augen geschlossen und ein Lächeln im Gesicht.

Dann ertönt schon die letzte Strophe, die noch einmal den Kerker nennt als Gefängnis für den Körper, und dennoch schaffen es meine Gedanken, die Mauern einzureißen und erneut auf Wanderschaft zu gehen. An dieser Stelle zeigen wir noch einmal das Bild von Pauline, die als Sophie Scholl aus dem Gefängnisfenster in den grauen Himmel blickt und dennoch in einer schönen Erinnerung, in einem schönen Gedanken verweilt. Die Dunkelheit hat keine Macht mehr, der Schatten verschwindet komplett, und das strahlende Gesicht Paulines bleibt am Ende stehen. Unsere Zuschauer in der Aula applaudieren spontan, auch wenn die letzten Töne des Liedes noch nicht verklungen sind.

Ist ja auch ein wirklich gelungenes Bild und ein toller Vergleich. Dann ist das Lied zu Ende, das Licht geht an, der Beamer aus. Alle sind noch ganz benommen von der wunderbaren Atmosphäre und diesem unsagbar guttuenden Gefühl der Gemeinschaft. Nur langsam setzt Gemurmel ein und die Menschen erheben sich von ihren Stühlen. Viele kommen zu uns nach vorn, schütteln uns die Hände und gratulieren uns zu der wirklich gelungenen Präsentation.

Stolz ist es, was wir alle empfinden, das kann ich wohl für alle sagen. Wir sind stolz: auf unsere Arbeit und aufeinander.

***

# EPILOG

Heute ist mein 14. Geburtstag (endlich), aber gleichzeitig auch der Todestag von Sophie Scholl (mittlerweile der 77.) Seit unserer Recherche und unserer Präsentation werde ich an diesem Tag nun immer auch an Sophie denken und bin mit ihr und ihren mutigen Taten auf ewig verbunden.

Sicherlich wollt ihr wissen, wie es mit den Jungs und vor allem mit Luca weitergegangen ist? Nun ja, die Jungs mussten sich einer Reihe von Verhören stellen. Ausreden gab es für sie keine mehr, da sie ja in flagranti erwischt worden waren. Die Schule konnte sie nun endgültig verweisen. Von Marwin und Kevin weiß ich, dass sie Sozialstunden leisten müssen und nun in Rankum auf die Oberschule gehen. Man sieht sie nur noch selten in Neudorf, da sie auch zum Glück in umliegenden Dörfern und nicht direkt in der Stadt wohnen. Kai, der ja schon 18 Jahre alt ist, wurde anders bestraft. Wenn ich es richtig verstanden habe, hat er eine Jugendstrafe auf Bewährung bekommen. Er ist mit seiner Mutter weggezogen.

Der einzige Junge aus der Gang, den ich noch manchmal sehe, ist Torben. Er scheint mir derjenige zu sein, der am meisten bereute, obwohl auch er nun auf eine andere Schule gehen muss. Nie wieder habe ich ihn mit anderen dubiosen Gestalten in irgendeiner dunklen Ecke herumlungern sehen. Und Luca, fragt ihr? Tja. Luca ist nach seiner Verurteilung als Drahtzieher und Anführer der Gang wie vom Erdboden verschluckt. Paulines Cousine Klara, die die Nachbarin von Lucas Mutter ist, vermutet, dass er endgültig zu seinem Vater nach Hamburg gezogen ist, denn seine 125er und alles, was sonst so von ihm draußen vor dem Haus gestanden hatte, ist verschwunden.

Ich bin daraufhin mal heimlich und ganz vorsichtig an seinem Haus vorbeigefahren, habe aber auch festgestellt, dass er nicht mehr da ist. Wundert ihr euch sehr, wenn ich sage, dass ich doch ein wenig traurig darüber bin? Dann aber wieder ganz erleichtert? Ich kann für ihn nur hoffen, dass er in Hamburg nicht den gleichen falschen Weg einschlägt. Und vor allem kann ich nur hoffen, dass er sich eine andere Freundin zugelegt als Karen, die ja offenbar genauso drauf ist wie er. Vielleicht lernt er eine zweite Lisa kennen, die ihn auf die Lichtseite des Lebens zieht. Eine andere Lisa, die mehr Kraft hat als ich, ihn zum Guten zu verändern. Das wünsche ich ihm wirklich.

Meine Freunde und ich, alle Mitglieder der „Offenen Hand" treten in die Fußstapfen einer großartigen jungen Frau. Ich hätte nicht gedacht, dass Vorbilder aus der Vergangenheit ihr Licht noch so weit in unsere Gegenwart und Zukunft werfen können, aber hey, anscheinend doch.

Da stellt sich mir noch eine Frage: Muss man sich schämen für das, was man getan hat? Was man Falsches getan hat? Auf gar keinen Fall, wenn man heute nun das tut und denkt, wofür man sich auf keinen Fall zu schämen braucht – nämlich das Richtige!

Fehler an sich machen den Menschen nicht schlecht, Fehler machen wir alle. Schlecht ist es nur, wenn immer weiter das Falsche herauskommt und man das auch noch gut findet und weitermacht. Wenn man allerdings aus Fehlern lernt, kann das ja hervorragend enden.

Aus dem Tag der offenen Tür ist der Tag der „Offenen Hand" geworden. Unser ganz eigener Tag. Es ist ein gutes Zeichen, ein starkes Zeichen: die offene Hand. Und wieder einmal hat das Gute über das Böse triumphiert, hat das Licht über die Dunkelheit gesiegt, Rey Skywalker.

\*\*\*

# ANHANG 1

# KURZBIOGRAPHIE: SOPHIE SCHOLL

1921    Am 9. Mai wird Sophie in Forchtenberg geboren.
        Ihre Eltern sind Magdalene und Robert Scholl, die
        ihre Kinder liberal und christlich erziehen.
        Sophie hat mehrere Geschwister, darunter ihr zwei
        Jahre älterer Bruder Hans Scholl.

1929    Die Familie Scholl zieht um nach Ulm.

1933    Hitler ergreift die Macht und setzt sich als Diktator
        an die Spitze des Landes.
        Hans Scholl tritt der Hitlerjugend bei und nimmt
        sogar einen Führungsposten an.

1934    Auch Sophie glaubt in ihrer Jugend zunächst an
        den Nationalsozialismus. Mit anderen Mädchen
        zusammen tritt sie dem Bund Deutscher Mädel bei.
        Das ist ein Bund, der von Hitler gegründet wurde,
        um alle deutschen Mädchen nach seinen Werten zu
        erziehen.

1937    Sophies Bruder Hans arbeitet trotz seiner Mitglied-
        schaft in der Hitlerjugend bereits im Untergrund
        gegen Hitler. Er wird in der Bündischen Jugend
        aktiv, die sich gegen den Nationalsozialismus und

seine politischen Überzeugungen stellt. Sophie wird festgenommen und von Hitlers geheimer Staatspolizei (Gestapo) verhört. Auch sie beginnt nun, die Politik Hitlers zu hinterfragen. Sophie lernt Fritz Hartnagel kennen, mit dem sie später zusammenzieht.

1940 Während ihr Bruder an der Uni München studiert, macht Sophie nach ihrem Abitur zunächst eine Ausbildung zur Kindergärtnerin. Sie absolviert das evangelische Kindergärtnerinnen-Seminar in Ulm.

1941 Zu dieser Ausbildung gehört auch ein Arbeits- und Kriegshilfedienst, den sie ableisten muss, bevor sie studieren darf. Während ihr Bruder als Sanitäter an der Front in Frankreich eingesetzt wird, geht Sophie nach Blumberg. Sophie erkennt durch das Elend, das sie sieht, dass der Krieg bereits verloren ist, und entwickelt nun selbst eine Abwehrhaltung gegenüber dem nationalsozialistischen Regime. Sie wendet sich christlichen und philosophischen Schriften zu, die sie in ihrer Abwehrhaltung bestärken.

1942 Sophie studiert nun in München Biologie und Philosophie und erhält Kontakt zu den studentischen Kreisen ihres Bruders, die sich allesamt gegen Hitler richten. Hans möchte seine kleine Schwester aus dem Widerstand heraushalten, da er weiß, wie gefährlich das ist. Doch Sophie bleibt hartnäckig und beteiligt sich an öffentlicher Kritik gegen Hitler. Mit ihrem Bruder und weiteren Studenten gründet sie die Widerstandsgruppe die „Weiße Rose". Erste

Flugblätter gegen das Nationalsozialistische Regime werden gedruckt und verschickt.

1943 Im Januar ist Sophie das erste Mal am Druck eines Flugblattes beteiligt.

Die Gestapo wird darauf aufmerksam und fahndet nach den Drahtziehern.

Im Februar wird das bereits sechste Flugblatt fertiggestellt und verschickt. Es richtet sich erneut gegen Hitler und fordert den Aufbau eines neuen geistigen Europas. Auch nach England gelangt dieses Blatt. Dort wird es tausendfach kopiert und durch englische Flugzeuge über Deutschland abgeworfen.

Die Gestapo ermittelt nun in München in studentischen Kreisen und kommt der Gruppe immer näher.

Als Sophie und ihr Bruder Hans in der Universität erneut Flugblätter verteilen, werden sie vom Hausmeister beobachtet und festgehalten.

Beide werden von der Gestapo verhaftet.

Am 22. Februar werden beide nach mehrtägigen Verhören zum Tode verurteilt und noch am selben Tag hingerichtet.

Sie werden im Strafgefängnis München-Stadelheim durch die Guillotine enthauptet.

# LIED:

## DIE GEDANKEN SIND FREI

Die Gedanken sind frei!
Wer kann sie erraten?
Sie fliehen vorbei
wie nächtliche Schatten.
Kein Mensch kann sie wissen,
kein Jäger erschießen,
es bleibet dabei:
Die Gedanken sind frei!

Ich denke, was ich will
und was mich beglücket,
doch alles in der Still
und wie es sich schicket.
Mein Wunsch und Begehren
kann niemand verwehren,
es bleibet dabei:
Die Gedanken sind frei!

Und sperrt man mich ein
im finsteren Kerker,
das alles sind rein
vergebliche Werke.
Denn meine Gedanken
zerreißen die Schranken
und Mauern entzwei:
Die Gedanken sind frei!

*Nach Hoffmann/Richter, »Schlesische Volkslieder«, Leipzig 1842, ursprünglich aus süddeutschen Flugblättern 1780–1800.*

# Selbstlos helfen – wie Florence Nightingale

Die tiervernarrte Flori engagiert sich für den Tierschutz und begleitet ihre Oma regelmäßig ins Tierheim. Ihre Eltern sind davon nur wenig begeistert, doch Flori lässt sich nicht unterkriegen. Erst recht nicht, als sie im Wald einen verletzten Hund findet, der von Tierschmugglern ausgesetzt wurde. Kurz darauf entdeckt sie auch leere Käfige und weitere erschreckende Hinweise. Als Oma Liddi ihr von dem Lebenswerk der unerschrockenen Krankenpflegerin Florence Nightingale erzählt, steht für die Dreizehnjährige fest: Sie will auch helfen und muss etwas für die Tiere tun!
Eine spannende Geschichte für junge Leserinnen und Leser ab 10 Jahren.

Susanne Roll
**Flori – Retterin in der Not**

gebunden, 143 Seiten,
ISBN 978-3-7615-6677-0

**neukirchener**